「风土海沧」民俗调查丛书

水美钟山卷

主编
黄达绥　吴光辉

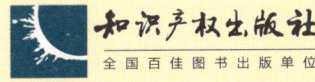
知识产权出版社
全国百佳图书出版单位

图书在版编目（CIP）数据

"风土海沧"民俗调查丛书.水美钟山卷／黄达绥,吴光辉 主编. —北京:知识产权出版社,2018.12

ISBN 978-7-5130-4682-4

Ⅰ.①风… Ⅱ.①黄… ②吴… Ⅲ.①乡村—风俗习惯—调查研究—厦门 Ⅳ.① K892.457.5

中国版本图书馆 CIP 数据核字（2018）第 252477 号

内容提要

厦门市海沧区"风土海沧"民俗调查组于 2010 年 8 月开始，在钟山村穿街入户，走遍了村庄的大街小巷和海边滩涂，实地采访了多位年老村民和知情人士，对钟山村的历史沿革、古迹宗祠、非遗文化、民俗风情、农耕文化等情况进行了深入的采访和调查。本书主要由田野调查、口述材料等第一手调查资料汇编而成，内容丰富、图文并茂、资料翔实。

责任编辑：刘晓庆　　　　　　　　　责任印制：刘译文

"风土海沧"民俗调查丛书

水美钟山卷

SHUIMEI ZHONGSHAN JUAN

黄达绥　吴光辉　主编

出版发行：知识产权出版社 有限责任公司	网　址：http://www.ipph.cn
电　话：010-82004826	http://www.laichushu.com
社　址：北京市海淀区气象路 50 号院	邮　编：100081
责编电话：010-82000860 转 8073	责编邮箱：liuxiaoqing@cnipr.com
发行电话：010-82000860 转 8101	发行传真：010-82000893
印　刷：三河市国英印务有限公司	经　销：各大网上书店、新华书店及相关专业书店
开　本：787mm×1000mm　1/32	印　张：5
版　次：2018 年 12 月第 1 版	印　次：2018 年 12 月第 1 次印刷
字　数：100 千字	定　价：48.00 元

ISBN 978-7-5130-4682-4

出版权专有　侵权必究

如有印装质量问题，本社负责调换。

"风土海沧"民俗调查丛书

《水美钟山卷》编委会

主　编　黄达绥　吴光辉

编　委　黄达绥　吴光辉　刘丽萍
　　　　　张　洁

采编人员　林致平　张　洁

序　言

闽南，锦绣中华的灿烂奇葩，扬名世界的创业热土！闽南，海上丝绸之路的起点，海外华夏游子的故乡！闽南，博采古越文化、中原文化、外来文化，形成了一体多元的文化融合；闽南，凝聚山岳部落、海岸文明、海洋文化，构建了自由开放的文化模式。晴天碧海、红砖古厝，组成了闽南的主流格调；南曲雅韵、绿芽春茗，谱写了闽南的无数传奇。

如果说闽南是中华文化的奇葩、扬名世界的热土，那么我们如今所要讲述的海沧，就是这一朵奇葩、一片热土的缩影。正如"海沧"这一名称所谕示的，它是一个资源丰富的天然港湾，它是一个物产繁多的无尽宝藏。同时，它也是我们毕生难以割舍的留恋之根，一世无法忘怀的风土之乡。

作为陆地门户，海沧自古以来就具有极为突出的重要地位。据《三都建义仓奏记》梁兆阳邑令之记载："澄地为漳门户，治之北有隔衣带地，周环四十里许，年所征赋予澄籍居十之三，名三都者。""三都"之名，始于南宋时期的保甲制度，该地设置海沧一都、二都、三都。到了明代,一都、二都、三都合并为一二三都,简称"三都"。作为三都之地的海沧,一直以来就流传着"九头九尾十八坑"之传说。所谓"头",是指曲折海岸线中凸出的部分,"九头"是指石塘村的水头、排头、地头、渐美村的马地头、贞庵村的澳头、后井村的石甲头、许蓝头、地岸头、海沧村的大路头。所谓"尾",是指沿海凸出一部的末端,"九尾"是指渐美、坂尾(锦里)、钟林尾(钟山)、后山尾、草仔尾、陈都尾(温厝村属)、路头尾(海沧村属)、下尾(吴冠村属)、山尾(吴冠村属)。所谓"坑",是指低洼的地方,"十八坑"则分别指青礁村的龙湫坑(东宫故地),古楼村的后陵坑,困瑶村的西宁坑,锦里村的马坑、肖坑,温厝村的寮坑、宁坑、苏坑、蔡坑、徐坑,海沧农场的洪坑,后井村的内坑,渐美村的芦坑,石塘村的马内坑、花坑、斜坑、东坑。正是在这样的自然风土上,海沧构建起了独特的人文气息。

作为海上枢纽,海沧的战略地位一直备受世人关注。革命先驱孙中山在其《建国方略》对厦门港的规划中留下了这样一段记载:"(厦门)此亦一老条约港也,在于思明岛。厦门有深广且良好之港面,管有相当之腹地,跨福建、江西两省南部,富有煤铁矿产。此港经营对马来群岛及南亚细亚半岛之频繁贸易,所有南洋诸岛、安南、缅甸、暹罗、马来各邦之华侨大抵来自厦门附近,故厦门与南洋之间载客之业极盛。如使铁路已经发展,穿入腹地煤铁矿区,则厦门必开发而为现在更大之海港。吾意须于此港面之西方建新式商埠,以为江西、福建南部丰富矿区之一出口。此港应施以新式设备,使能联陆海两面之运输以为一气。"其中的"此港面之西方建新式商埠""施以新式设备,使能联陆海两面之运输以为一气",也就是在厦门港的西侧,即海沧建设一个新式港口,形成海陆联运的东方大港。

作为文化荟萃之地，海沧这一片热土始终充满着丰富多样的人文气息。海沧的文化之根在于陆地，源于中原。但是，海沧的文化并没有停留在陆地或者中原的文化传承，而是不断地向大海延伸、向海外扩展。如果说闽南是大海的故乡，那么海沧则也是一大批海外人士的故乡。钟山蔡氏、石塘谢氏、锦里林氏、祥露庄氏、贞庵江氏……不仅在海沧繁衍生息，同时也在数百年期间先后迁移到了中国台湾地区、东南亚等一带。为了不忘祖先福荫之恩、水源木本之义，海沧先民修建祠堂、重整家庙，构建起了闽南地区极为独特的宗教信仰与文化传承。在这片土地上，保生大帝的民间信仰、闽台送王船的风俗礼仪、海沧蜈蚣阁进香等活动，既充满了无比浓郁的地方传统氛围，同时也带有不断创新的现代人文特征，形成了具有自身独特风格的人文风土。

　　作为文明窗口，海沧的社会进程展现了中国乡村文明的深化与发展，并始终保持着与时俱进的步伐。三都之名凸显了海沧的历史渊源，行政变迁提示了海沧自乡村向城市不断发展的区域演变，经济腾飞再现了海沧改革开放、积极进取的时代精神，传统回归彰显了海沧人不忘根本、探索文化融合的质朴性格。如果说《建国方略》展示的是海沧在海西建设中的未来性，那么如今的海沧随着新开发区的建设，已经成为厦门联络中国台湾、中国香港特别行政区、日本、韩国、东南亚、印度乃至美国等国家和地区，构建福建乃至中国全球化发展的重要基地。所谓"文明窗口"，也就是海沧经历了从传统乡村到现代都市的蜕变，成为中国社会文明进步的一道缩影；所谓"与时俱进"，或许并不只是海沧一地所独有的根本性格，但可以说它正是海沧得以蓬勃发展、不断进步的思想源泉与核心动力之所在。

　　或许我们可以说，海沧的本质在门户枢纽、文化、文明之中彰显海沧魅力，而事实上，随着社会的发展，尤其是城市化的不断扩张，海沧正在历经变迁，甚至体验痛苦的蜕变，以实现新时代的自我定位的转型。但我们相信，海沧的变迁并不是遮蔽或者隔断源于传统地区定位，而是将它进一步加以深化，或者说展开了一个全方位的科学定位。

时代的步伐不可阻挡，时代的变迁令人回想。如今，在海沧这一片历经千年传承、东风西雨一遍遍洗礼的土地之上，拥有数不尽的文化传统、历史遗迹、人文风格的乡村开始逐渐退出历史舞台。这究竟是一个时代的进步，还是一个文化的遗失；究竟是一个现代文明的拓展，还是一个本土文化的断裂？或许我们要尝试去做的就是将它们记录下来，使它以一个新的形式流传下去。

风土海沧系列研究，就是对海沧乡村的城市化而展开的人文调查。这一研究的缘起，来自海沧文化馆黄达绥馆长的执着追求，同时也是立足于过去的海沧非物质文化遗产的编撰基础。这样一个收集整理资料的过程，无疑是漫长而痛苦的一段经历，但是同时也是面临城市新规划必须解决的迫在眉睫的问题。不仅如此，作为编写委员会的一员，我也禁不住不断地质问自己，海沧是什么？如何来表述海沧？如何来评价表述海沧的行为？

首先，海沧是什么？或许对于大多数的外来者而言，它不过是一个流动人生的驿站，一个短暂休憩的港湾。但是，对于一直生活在这一片土地上的人而言，它是一条没有发生任何转移的根；对于始终眷念着这一片土地的宁静与和谐的人而言，它是一片可以寄托希望、实现梦想的热土。海沧不再是与我们相对立的存在，而是我不得不加以依托且将我们包容在一起的故乡。而且，也正是海沧文化风土的极为丰富的多样性，使我们找到寄存于我们心底的故乡。海沧是一片海，展现出了它的包容性；海沧是一首诗，述说着它的曲折历史，海沧就是这样的一片热土。

　　如何来表述海沧？它给予我们的感动，不仅在于它的风土地貌、建筑景致、民俗祭祀，同时也在于它深切的、终极的人文关怀。海沧的风土地貌并不稀奇，但是却充满了崎岖坎坷；海沧的建筑景致也不独特，但是却带有了斑驳沧桑；海沧的人文祭祀也不新奇，但是却依托在了山海之间。就在这样的不起眼处、不经意间，海沧的人文风土得以凸显。茅草屋上吹拂的茅草，小桥流水间逝去的落叶，远山烟雾笼罩下的杉树林，常常让我面对海沧的这一片宁静而和谐的大海发出无限感叹。这样的感动，并不是将会给我带来什么惊诧的表情或者什么紧张的情绪，而是一种潜移默化的、不断深入心底的流动。或许也就在这样的不起眼处、不经意间，我们已融入了它的人文风土之中。

　　优秀传统文化是中华民族的精神纽带，是中华民族的精神之根、智慧之根，是中华民族生生不息、团结奋进的不竭精神动力，任何国家和民族在世界的崛起，不仅需要经济、军事等国家硬实力的强大支撑，也需要内向凝聚力、外向感召力和文化软实力相辅相成，从而不断增强建设民族共有的精神家园，努力提高全社会文化自觉和文化自信。如何来评价我们的表述海沧的行为？看起来我们所尝试的，不过是将历史的资料、现实的感受、口述的文本堆砌在一起，但我们是用这种最为直观的呈现，来传承优秀的传统文化，把握未来前行的方向，这也正是本系列图书始终坚持不变的叙述方式的根源之所在。

　　夕阳西下，古榕参天，海沧风土系列考察就是以钟山村为起点而逐步深入的。我还依稀记得第一次踏入钟山村的情形：在一片夕阳的光晕之中，榕树留下了无数的斑驳身影，长街两畔的古宅越发凸显出了历史的沧桑。黄达绥馆长、林致平顾问、刘丽萍女士与厦门大学人类学的博士们一道朝着夕阳下的道路前行。就在这一刻,我感受到了一种生命的永恒。这是一种夕阳、古树、小道、旧宅联系到一起,流淌出和谐静谧的氛围的一种生命的永恒,会伴随着我们的工作而不断地延伸下去,并激励着我们一路走下去的一种生命的永恒。

吴光辉　谨记

厦门大学囊萤楼

2015 年 10 月 28 日

第一章 历史沿革·1
第一节 文化源流·3
第二节 历史变迁·9

第二章 古迹宗祠·26
第一节 历史古迹·26
第二节 蔡氏宗祠——毂诒堂·46

第三章 送王船·55
第一节 活动纪实·57
第二节 口述报道·80

第四章 农耕文化·87
第一节 钟山三宝·87
第二节 饮食文化·96

第五章 时令风俗·103
第一节 岁时节庆·103
第二节 婚嫁礼仪·119
第三节 祈子生养·125
第四节 丧葬习俗·131
第五节 起厝民俗·136

后记·141

第一章　历史沿革

历史上的厦门隶属于泉州府同安县，不过是"同安县十一里之一里耳"。据最新唐墓考古发掘资料显示，唐时厦门称"嘉禾屿"，又名"嘉禾里"。宋时延续此名，称其"产嘉禾，一茎数穗，故名"。自明洪武二十年（公元1387年），江夏侯受命兴筑厦门城，始有厦门之名。不过，海沧并没有归入同安县，而是隶属于漳州府。唐垂拱二年（公元686年）十二月九日（据《旧唐书》），唐朝廷允准陈元光之请，在泉、潮二州之间设置一州，析龙溪县南部置漳州，辖漳浦（设于绥安故地）、怀恩二县，陈元光为漳州第一任刺史。州治最初设在今云霄县的西林，西林傍漳江而立，故名"漳州"。

海沧钟山村，今钟山社区，属厦门市嵩屿街道办事处，旧属海澄县新恩里三都，清朝属崇隆保。1940年，为第四区（后名海沧区）金钟乡渐美保。1946年5月，属金霞乡钟山保。中华人民共和国成立后，废除保甲制，为第四区渐美乡。1956年7月，属锦里乡。1958年4月撤区并乡，为海沧乡管辖。1958年8月，划归厦门市，属厦门市郊区海沧公社，设渐美大队。1961年，从渐美大队分出钟

钟山村全景

山大队。1984年,改为海沧乡钟山村委会。1987年7月,郊区改集美区,海沧属集美管辖。1995年10月,海沧、东孚镇划入杏林区。2003年10月,置海沧区,辖之。2005年7月,撤销海沧镇,析分为海沧街道、新阳街道。2006年,为海沧街道钟山社区居委会。

海沧钟山村为独立单一的自然村落,聚落呈圆形,曾名"钟林美",传为钟、林、李三姓创建,后改"美"为尾,名"钟林尾"。因村北有山,后又改为"钟山"。村民原以农为业,原有耕地1670亩,林地3000多亩,滩涂1000多亩。2018年,钟山村辖区面积为3.6平方千米,人口9700余人,常住人口2700余人,流动人口7000余人。

第一节　文化源流

钟山村的文化渊源，最为根本的是蔡氏一族。蔡氏一族占据了如今钟山村大半的人口。蔡氏一族的历史，可谓整个钟山村的历史。根据郑樵《通志·氏族略·以国为氏》的记载："蔡氏，文王第五子蔡叔度之国也。自昭侯以下，春秋后相承二十六世，为楚所灭，子孙以国为氏。"蔡氏出自姬姓，叔度，周初"三监"之一，周文王之第五子，为周武王之弟。武王克商之后，叔度受封于蔡（今河南上蔡县），为蔡国国君，史称"蔡叔"。武王让蔡叔与管叔、霍叔三人共同监管武庚（商纣王之子），教治殷民，称"三监"。武王去世，周成王年幼继位，由周公旦临朝摄政，蔡叔与管叔等不服，联合武庚一起叛乱，被周公平定后，蔡叔被放逐。以后，周成王又封蔡叔之子胡（蔡仲）于蔡。蔡国于公元前447年被楚国所灭，蔡国遗民仍以国为姓。

蔡氏先世在河南上蔡县，后居济阳郡成为望族，故蔡氏悉以济阳为郡望。济阳郡一名来自晋惠帝之时，晋朝分陈留郡置济阳国，后改为郡，治所在济阳（在河南省兰考县东北），领济阳、考城（今民权县东北）诸县，辖区相当于今河南兰考、民权一带。济阳郡蔡氏为名门望族，影响深远。清光绪二十三年（1897年），蔡廷岳、蔡有洋编纂了《济阳郡蔡氏族谱》（共三卷），该谱以明洪熙元年（1425年）隐居福建莆田县宣慈乡的蔡瞻为始祖，以始修于清乾隆二十四年（1759年）的族谱为蓝本。第一卷：谱序、凡例、家训、修谱人名、领谱字号、排行字、像图、艺文志、序传、纪赞、友梅说并诗；第二卷：建祠序并捐钱数目、族规并修祠捐钱数、祠田志并助数目、修谱告祖文、线图、名爵志、老寿志、节妇志、节孝祠捐田记、祖堂记、社坛志、里居志、村图、忌田山业（附告示）、墓图志、墓铭、祭妻文、地理说、服制引、五服图；第三卷：源流、世系，为世间蔡氏保存最为完整的族谱。

钟山蔡氏源自河南省光州府固始县小杨村，系唐右卫将军蔡彧之后。钟山蔡氏之始祖蔡彧，字德明，唐高宗总章二年（公元669年），随陈政、陈元光父子入闽，同驻火田，绥靖边陲。德明公以平定闽南啸乱、稳定大唐边疆之大功，受封于今角美、洪岱、四里一带的土地，开启鸿山蔡氏一脉。德明公生卒年月无从查证，后葬于角美田里村境内张仓山之东中仑，坐亥向巳。

福建蔡氏皆自中原入闽，蔡炉公建闽北，用元公开仙游，用明公启晋江，德轩公、德明公拓闽南，允恭公初贬泉州五店市，而后隐居海沧新恩里澄瀛保屿头村。蔡氏族人就此迁居福建，开疆拓土，繁衍子孙，笃定边陲。不过，到了南宋末年，帝昺被元兵追赶至嵩屿，"欲抽兵航海赴广，居民不从，一歹大兵尽屠之"，蔡氏裔孙仅存数人被迫四散，遭受了重大打击。

钟山蔡氏之开端，肇始于元初蔡景福公。蔡景福，名介山，字景福，生于元朝大德元年（1297年），卒于元至正二十七年（1367年），原籍河南省光州府固始县小阳村，史传因筑埭堰而故，葬内坑牛皮石下。蔡景福初居鳌冠蔡岭（今大坪山）东麓，阴湿不宜长住，而后迁往钟山。至钟山后，以养鸭为生，鸭日生双蛋。景福公娶妻庄氏，即祖妣庄氏，名讳观寿，号二太孺人，生有二子，长子名讳应午，号一学士，次子名讳应申。

应午公留居钟山，应申公分居漳浦。应午公娶妻温氏，即二祖妣，名讳懿香，生有三子，长房名讳慈养，次房名讳惠养、号睿波，三房名讳直养，即钟山蔡氏三房之分。钟山蔡氏裔孙分衍海沧渐美（二房潘波之孙秉规后裔)、南安安海、龙溪水头、漳浦东门、北京观音胡同,以及我国台湾地区、东南亚等地。

按照《钟山蔡氏族谱》二房惠养公房谱,蔡氏一族繁衍庞杂,散迁各地,参见表1-1。

表1-1 钟山蔡氏分衍各地简表

代数	名字	分衍地点	时间
11	肇魁	亚齐	康熙年间
11	肇调	交留吧❶	康熙年间
11	肇清	交留吧	康熙年间
12	国璋	交留吧	康熙年间
12	国选	交留吧	康熙年间
12	国珍	中国台湾	康熙年间
12	国时	马六甲	雍正年间
12	国怀	吉礁	乾隆年间
13	秀起	交留吧	雍正年间
13	秀雅	交留吧	雍正年间
13	秀英	交留吧	乾隆年间
14	特蕃	交留吧	乾隆年间
18	江白	槟榔屿	清末

根据《钟山蔡氏族谱》二房惠养公房谱,自清代康熙、乾隆年间以来,为数不少的裔孙前往东南亚各国,主要集中在印度尼西亚和马来西亚。就马来西亚槟城而言,其裔孙达到600人。蔡氏乃为槟城望族,嘉庆十九年(1814年),槟城蔡氏族人自故乡钟山水美宫请来香火,供奉于槟城屿;同治元年(1862年)移浮罗池滑,建水美宫供奉。

---

❶ 交留吧是南洋老地名,约在今雅加达。

蔡氏族人中不乏英才贤达之士。钟山至渐美路保留一龟形石墓，传为明代蔡氏族人科举及第，官至广东儋州府正堂（知府），而留下衣冠冢。蔡昭庆，明万历年间进士，宗祠之中保留了进士匾，宗祠立石旗杆。蔡紫燕，清末人，曾组织建设蔡登楼宅，参与钟山村的围海造田。蔡茂春，清末人，至马来西亚经商，后遭遇东南亚排华，并面临资源匮乏之危机，故举族迁至澳大利亚和新西兰。蔡育腾，现代人，木匠，曾多次参加海沧灌溉工程、围海造田等水利建设。

如今的钟山村，除蔡氏一族之外，还有陈、林、郑、李、王、廖、钟、黄等诸多姓氏。这批人或自泉州安溪迁来，开荒种地、捕捞农耕，或者因逃离战争，避难至此，继而安居于此。钟山村的历史变迁离不开这些人的辛劳与智慧，钟山村的经济建设和社会发展也离不开他们的突出贡献。

毂诒堂前石旗杆

蔡氏族谱正集序

麻沙蔡氏出有姬姓帝喾之後周文王第十四子蔡叔度受封於蔡以蔡邑爲姓氏至唐有諱爐者乃光陽郡光州固始人也聰明穎異博通五經遍覽子史領乾符四年丁酉鄉薦第五年戊戌進士任德州知州再授東昌□□□□遷建陽縣長官爲政寬仁甚得民心屢巡勸農見剌史如望鳳翔節度使□□□夫蔡希清者長官十四孫也移書請曰吾宗譜牒聘君處士永中里之麻沙鍾三光五岳之秀氣其地則山高□□支子出宋南渡而文公生總之道統所寄第孔門惟曾氏爲獨傳朱門惟蔡氏爲正宗瞻奇西山九峯父師啓佑三世一轍世澤流長固宜其顯名台輔而勳業震耀於一時班班可考著述典籍而維聖關來於萬代者昭匕行世是乃德厚而流光愈遠而愈深卽大海不足以喻其長也澤不而效遠彌久而彌芳綿匕永雖不足喻其遠且感也本支百世而如岡如陵子孫繩匕而克昌且熾也長官雖

钟山村蔡氏族谱

蔡氏一族编修族谱的活动一直没有停止,最早的族谱《钟山蔡氏族谱》如今已失传。《钟山蔡氏族谱》二房惠养公房谱则保留了手抄本,世序至第15世。根据《钟山蔡氏昭穆表》的记载,第15世的族谱为福(介1世)、应(士2世)、养(波3世)、生(皓4世)、本(庵5世)、高(轩6世)、威(7世)、巨(8世)、克(9世)、荣(10世)、肇(11世)、国(12世)、秀(13世)、特(14世)、宜(15世)。不仅如此,蔡氏一族还保留了《漳里蔡氏族谱》(佚名修,1931年手抄本,复印本藏于泉州图书馆)。该谱为蔡氏一族整个族谱最为重要的组成部分之一。

【蔡氏徙居钟山的传说】

中国是一个具有5000多年历史的文明古国,先后经历了数十个朝代的变革,故政区名、地名的变更时有发生。尤其在战乱年代,为了避难,人们时而迁居异地,致地名出处不一,难以查证。蔡氏先人究竟是谁最早来到钟山也无从考证,唯有通过老一辈口述历史来加以整理,以为流传记述。

蔡氏先辈自异地迁徙到鳌冠蔡岭社谋生之际,但发觉此地为太平山所遮挡,每逢下午四时就不见阳光,日照时短,阴阳不符,若长期居住于此,后世子孙必损元气,故再次离乡背井,辗转至钟山社,于崎头窟(今钟山口马青路加油站南侧)以养鸭为生。

蔡氏迁徙之初,钟山社关刀园、巷口河、犁头镖(今钟山口至蔡井忠厝后)一带为钟氏大姓所居。一日,一风水先生路过蔡氏先辈家门,受邀至其家,备粗茶淡饭相待。交谈之中,先生见先辈憨厚,故向其细说风水,"钟姓居住之地乃风水宝地,欲长居此地,须将祖先骨灰迁葬于此",话毕即飘然而去。先辈遵风水先生指点,择日将应午公及祖妣庄氏骨灰偷葬于犁头镖。自此以后,居住于此的钟姓村民起居生活大不如前，每况愈下，乃至携家带口，迁居他处，远离此是非之地。

古训曰："民以食为天。"年复一年，先辈以养鸭为生，犹不济事，时而为生计苦想，精神无可寄托。于是，先辈暗自发誓：若有一日，鸭杆发青，鸭生双蛋，毕生就扎根钟山，唯听天由命。长叹之后，先辈将鸭杆插于田埂，急走村里。时有一顽童路过鸭棚，摘一枝芦苇插于鸭杆之上。不久，先辈回返，见鸭杆发青，且数只母鸭一连早晚各生一蛋，故思岂非天助我也。自此，先辈决定安家钟山社，蔡氏裔孙于此开荒辟地，繁衍子女，教化后代，敦亲睦族，渐为钟山旺族。今钟山蔡氏裔孙远居世界各国，尤以东南亚为盛。

蔡氏传人，维桑兴梓，必恭敬止，是以记之。

第二节　历史变迁

行政变迁

钟山村的行政变迁，不仅是中国社会政治变迁的一个缩影，同时也是闽南乡村历史变迁的一道风景。概而述之，钟山村的行政变迁经历了封建时代的保甲制度、中华人民共和国成立前的农会组织、土改时期的生产互助组织、人民公社与生产大队、"文革"时期的革命领导小组、不同行政区划的村落的变迁过程。与此同时，通过钟山村各个行政领导的更替与变化，也可以看到与行政变迁同步，以蔡氏一族为代表的家族历史、人文历史的重大变迁。

钟山村的行政变迁也折射出现代化背景下的钟山村人的历史

性的变迁。正如前文说,从公社到乡、从大队到村、从村到居委会,钟山村一步一步地从农村走向城市,钟山村人也一步一步地从农民、渔民转变为了城镇居民。这样的步伐应该说如今还在不断地延续着。或许有一天,"乡""村"这样的概念,也会随之永远地封存在历史的记忆之中。时代和历史的变迁,或许就是以这样一个历史封存的意义而留给我们无尽的回响。钟山村的行政变迁情况见表1-2和表1-3。

表1-2 钟山村行政变迁

时间	行政机构名称	人员	备注
中华人民共和国成立前	漳州府海澄县四区金霞乡第十八保	保长:蔡顺阵	—
中华人民共和国成立后	推翻保甲制度,建立临时政权农会组织	农会主席:蔡昆朝 副主席:梁趣来 村主任:蔡通塔 副村主任:蔡大贞 妇女主席:陈娶治(女) 副主席:蔡秀屏(女)	蔡昆朝,蔡嘉辉之父,后到龙海白水公社当社长,在外长期关心钟山村的经济发展
1951年	—	乡长:陈亚婴 副乡长:蔡丁(女) 农会主席:严乃聪 财粮及文书:蔡昆朝	渐美、芦坑、钟山合并为乡
1952—1954年	农业生产互助组(15户为一组)	乡长:陈亚婴 副乡长:廖海河	期间成立渐美乡支部党员:陈亚婴、廖海河、蔡昆朝
1955年	农业生产互助组	副农会主席:廖海河	统购统销时期

续表

时间	行政机构名称	人员	备注
1956 年	初级社	副乡长：廖海河 社长：蔡龟蛋 治安主任：钟福成	—
1957 年	初级社	副乡长：陈梧桐	划归集美郊区
1958 年	海沧公社 渐美大队	钟山社副大队长：钟福成 副书记：廖海河	15 人合为一初级社， 并称星光合作社
1959— 1960 年	海沧公社 渐美大队	大队长：钟福成 副书记：廖海河	—
1961— 1964 年	从渐美大队 分出钟山大队	书记：钟福成 副书记：廖海河 大队长：蔡文龙 副大队长：严乃忠 妇女主任：林红枣（女）	与渐美分开
1965 年	从渐美大队 分出钟山大队	书记：陈梧桐 大队长：蔡文龙	社会主义教育运动
1966— 1974 年	钟山大队 革命领导小组	书记：蔡实道 大队长：蔡文龙	—
1974— 1976 年	钟山大队	书记：蔡永祥 大队长：林乌顶	—
1977— 1981 年	钟山大队	书记：钟福成 大队长：林乌顶	—
1982— 1983 年	钟山大队	书记：陈振辉 大队长：林乌顶	从 1982 年开始，将集体耕地实行责任到人的模式分配到各户承包经营
1983— 1990 年	集美海沧乡 钟山村	书记：蔡永祥 大队长：林乌顶	1984 年公社改乡 大队改村
1990— 1991 年	集美海沧乡 钟山村	书记：蔡永祥 村主任：蔡明德	—

表1-3 1992年至今钟山村"两委"成员名单一览表 ❶

时间	村支部			村委会			备注
	书记	副书记	支委	主任	副主任	村委	
1991—1994年	蔡永祥	蔡嘉辉	蔡朝存 蔡明德 蔡亚珠 蔡江发	蔡嘉辉	蔡亚石 蔡国辉	蔡朝存	村委会1991年改选；支部1992年改选
1994—1997年	蔡永祥	蔡嘉辉	蔡朝存 蔡亚珠 蔡江发	蔡嘉辉	蔡亚石 蔡金发	蔡万居 蔡清凉	蔡朝存于1996年被任命副书记
1997—2000年	蔡嘉辉	蔡朝存	蔡江发 蔡亚珠 蔡世华	蔡明群	蔡井忠	蔡金亮 蔡万居	—
2000—2003年	蔡嘉辉	蔡江发	蔡朝存 蔡世华 蔡金亮	蔡明群	蔡春雨	蔡进忠 潘宝宏	—
2003—2006年	蔡明群	蔡朝存	蔡江发 蔡世华 蔡金亮 蔡春福	钟文明	蔡井忠	蔡进忠 蔡素琴	—
2006—2009年	蔡明群	—	蔡朝存 蔡江发 蔡金亮 蔡春福	钟文明	蔡井忠	蔡进忠	—
2009—2011年	蔡明群	—	蔡朝存 蔡江发 蔡金亮 蔡春福	王宝才	蔡井忠	蔡跃忠	—

---

❶ 村"两委"是村中国共产党员支部委员会和村民自治委员会的简称，习惯上前者称为村支部，后者简称村委会。

经济发展

钟山村的经济发展正如钟山村的行政变迁一样,也经历了一个巨大的转变过程。在这个过程中,三个时期的标志性的事件代表了钟山村经济发展的质的变化。第一,1951年,钟山村形成了以农业为核心的经济发展模式;第二,以1986年钟山村人与福清长乐人合资筹建海沧第一家石料场为标志,代表钟山村的经济发展步入了一个以初级加工为基础的工业化经济时期;第三,以2000年的新规划为契机,钟山村大力发展多元化的经营活动,步入了城市化的发展阶段,经济发展也突出了服务制造业的重要作用。

在这样的一个巨大变迁之中,钟山村的经济发展呈现出了多样性、多元化的特征。这些特征一方面体现在了经济类别的多样化,钟山村从事农业耕作、铁件加工、机械维修、家庭作坊、经营供销、食杂、机械、经贸、文具、加油站,且具备了一定的规模;另一方面还体现在了经济形式的多样化,也就是内部加工、外部出口、地域合作、城乡结合的多样化。正是因为坚持多样化的经济发展模式,作为城乡接合部的钟山村才有了因地制宜、统筹发展的先决条件,造就了钟山村经济建设与社会发展的辉煌。钟山村的经济发展情况见表1-4。

表1-4 钟山村经济发展变迁

时间	标志性事件
1949年	1949年,钟山村成立农会,先期上级指派南下干部周顺明、苏金换指导,活动地点在蔡北贞厝后学仔。后期指派华美山、郭玉桐、陈金虎指导工作,村部设在上厝尾学仔(现蔡香才厝182号); 农会开展的工作:减租减息、剿匪反霸、支援前线、石甲头战役、10月17日解放厦门的战役

续表

时间	标志性事件
1950年	中华人民共和国刚成立时,钟山人口617人,百孔千疮、民不聊生。有厝无人住、有地无人种,杂草丛生,野兽出没,曾有老虎进村咬猪被村民打死的记载;普通村民住的是黄土垒墙的破烂房屋
	农业生产水平低下,水源没有得到利用,没有任何水利设施,不是旱,就是涝。农具简陋,技术简单,单干作业,亩产极低,地瓜是主要的充饥粮食
	由当时农会牵头,组织用地缺水的农户一起出力,在金换厝和德隆厝边的溪流上筑起两个小水坝,后在崎头窟又建了新水坝,层层蓄水,解决了部分农田用水的难题
1951年	4月,土改工作队进驻钟山村,到8月土改结束,农民分到了土地。耕者有其田,农村面貌开始改变。渐美、芦坑、钟山合并为渐美乡,钟山的严乃聪被选为农会主席,蔡钉为副乡长,蔡昆朝当时是财粮委员兼文书,分管钟山村的具体事务
1952年	村里成立了农业生产互助组,农民以自愿互利的原则,换工互助,弥补劳力、畜力、农具的不足,农业产量开始增加,村民生活有了改善
1956年	1月1日,钟山村初级农业生产合作社成立,低产田得到改造,大型水利工程——湖窟水库也于3月顺利开工
1957年	8月,钟山村从海澄县划归新成立厦门市集美郊区;钟山初级农业社转为高级社,农民参加集体劳动,"各尽所能,按劳分配"。为增加水源,西坑内水库开始建设
1958年	5月,海沧人民公社成立,钟山高级社转为钟山大队,首任大队长为钟福成,廖海河为副书记;全村1100人分为6个生产队,分队过程实行"一平二调":对田地、生产资料、大小劳力进行平调(钟山村至今仍沿用当初的6个生产队改制而成的6个居民小组)
1959年	公社化早期,大队办了两个食堂,一队、二队、三队设在下食堂,地点在现黄氏莆田籍建楼处,四队、五队、六队在顶食堂,大家统一吃食堂,较为浪费,后来供应不了才以人口分粮食回家自理,食堂前后维持了8个月

续表

时间	标志性事件
1960年	在1961年5月与渐美正式分开成立大队后,钟山人民开展生产自救、重建家园、修水田、修水库、努力增产,6个生产队为完成每年15万多千克的征统购粮的任务和保证全村社员吃粮而展开劳动竞赛,当年哪个生产队夺得完成征统购粮第一名是非常光荣的事。当时,社员们宁可自己留下较差的稻谷当口粮,也要把最好的粮食交给国家。国家则相应分配一些当时非常珍贵的化肥给生产队
1961年	国家粮库设在东屿村,到交售征统购粮时节,全村人手推独轮车,肩挑大粮袋,一路热闹景象老人们至今记忆犹新
1963年	大队购买一台295型24匹马力的立式柴油机,办起了一个碾米厂,地点就在下食堂边。从此,钟山村彻底改变了几百年的原始舂米方式,解放了部分劳动力,广大社员受益匪浅(据蔡明群书记回忆,当时购进的是大型卧式进口机器,美国或德国制造的柴油机,震耳欲聋,闻名遐迩)
1963年	大队成立了水产小组和林业队,利用遍布全村的河窟发展淡水养殖,并在蔡尖尾山上开荒造林,广种红柿等果树,既增加了大队的副业收入,又很好地保持了水土。因地制宜、综合利用成为钟山村的一大优势
1964年	为提高湖窟水库蓄水量,增加大队水田的用水,防止山洪暴发对村民的伤害,干部们带领社员日夜奋战,将水库的坝岸架高了几米,水库的蓄水量增加到了28万立方米
1964年	在已经担任龙海县白水公社干部的蔡昆朝指导和牵线下,大队在蔡尖尾山上种下了1000多棵从漳州九湖引进的荔枝树,增加了副业收入,改善了村民的生活
1965年	开始贯彻"农业八字宪法"(土、肥、水、种、密、保、管、工),提倡科学种田,加强田间管理,大队的粮食产量节节提高,在蔡尖尾山海拔200米的"三五"水库如期动工,增加了农田的水源供应,使粮食生产更有了保障
1966年	"文革"开始,钟山村也顺应时事,在村口立起了拱形门,村中到处插上了标语牌,"抓革命、促生产"是当时响亮的口号

续表

时间	标志性事件
1967年	钟山大队成立了一支毛泽东思想文艺宣传队，30多人的队伍具有一定的规模；宣传队带着"红灯记""沙家浜"等革命样板戏剧目，上高山下海岛，走南闯北演出，在当地颇有影响。文艺宣传队一直到1975年才自然解散
	"文革"时期，一些宗祠、庙宇、祖先灵龛、族谱遭到破坏，但一些珍贵文物还是被有心人冒险保护下来
1968年	钟山大队从1968年开始全面推广薄膜育秧，解决了早稻烂秧、大田拔秧等难题，对提高秧苗成活率和控制水稻成长期起到较大的作用。传统的农业耕作方式随着科学种田的推广，也在逐步改变
1969年	钟山大队自筹资金安装了一台10千瓦发电机组（机器的型号是295型），全村每到夜晚大放光明，结束了昏暗小油灯的历史。同时，在大田用灯光诱蛾杀虫作为一项新技术在钟山大队率先进行
	水利工程的重要项目，长100多米、高度6米、跨度4.5米的坑底渡水槽建成通水，源源不断的流水流向黄茂、钟地、后埭等大片本村田地，同时还向石塘、东屿等村供应大部分用水
1970年	钟山大队建设了两个电灌站，一个位于山前（翔鹭宿舍西侧），一个位于地沟（信海花园处），分别解决洋田和后埭一带大片农田的用水问题。所装的两台苏式5马力柴油机由华侨蔡清冷捐献。电灌站改变了粮食低产的历史。当时，种植的糖蔗亩产将近八吨，地瓜达到4000多千克
	为改善社员生活，提高副业收入，大队在1970年办起了蘑菇场、白木耳场，成立果林队、水产队；各生产队成立了副业组，集体养猪在100头左右；同时提倡社员户户都养猪，广积农家肥，种植绿肥、收集牛羊粪、在海边的红树林收集海苔做肥料，努力增加粮食产量，人民生活水平逐渐提高
1971年	钟山大队根据上级安排，"深挖洞、广积粮"，抽调各生产队劳力，在现钟山变电站附近挖防空洞。后期，由于地下水渗透和地质问题而出现部分塌方，工程遂告停止

续表

时间	标志性事件
1972 年	钟山大队和岛内的黄厝大队率先在全市农村中购置了第一辆 27 马力轮式拖拉机，轰动了整个海沧公社。田间耕作大都由机械代替，极大地提高了生产效率。接着，几个生产队也纷纷购置了 12 马力的手扶拖拉机，解放了大批的劳动力
	筹划多年的岩崎水库动工了，水库建成后保证了西姑山的大片农田的用水。后于 1980 年被大水冲垮，没有再重修
1973 年	遭受台风，早晚两季水稻严重减产，村民严重缺粮。一批厦门市知识青年来到钟山大队下乡落户，他们与社员们同吃、同住、同劳动，在锻炼自己的同时，也促进了农村的文化进步。1978 年，他们陆续回城，继续在各行各业发挥着重要的作用
1974 年	村里的人口已经增长到 1400 人，人多地少，围海造田在那个年代是增加集体土地的一项措施，猪哥堤就是大队组织劳力围筑的海堤，共围田地 30 亩。猪哥堤当时大队送了一只公猪犒劳围堤的社员而得名
1975 年	4 月，原来的公社、大队二级核算改为公社、大队、生产队三级核算，社员的劳动积极性提高，钟山大队的发展也渐入正轨。大队的果林队在山内弯种下了成片的龙眼树，而红柿树已经发展到 800 多株，李树则种植了 5000 多株，蔬菜田的面积也扩展到 77 亩。村里的第一个水泥地面的篮球场也建成投入使用，极大地活跃了乡村的文化体育生活
1976 年	5 月，钟山大队与渐美大队合作，从海沧公社电灌站架设了一条高压线路，供两个村的生产和生活用电。钟山村首台装机容量 50 千瓦大大改善了用电紧张状况
1986 年	钟山村与福清长乐人合资筹建海沧第一家石料场，位于西坑内水库左侧，后因管理不善一度停产，1991 年由钟山村民承包后恢复经营。在 1999 年年底海沧实施风景资源保护专项治理行动之前，在钟山林地范围内，先后又有 6 家石料场投入使用，提供的石料为海沧新区的建设起到了较大的作用
1990 年	从 1990 年开始实施的厦门市重点项目 "901 工程"，为海沧带来了翻天覆地的变化，海沧生活区的建设和马青路的施工征用了钟山村的土地 330 亩，以前的铁赤后（小村落）被如今的大海洋酒家所代替

续表

时间	标志性事件
1991年	村委会投资1万多元在村中心建设一座占地400多平方米的农贸市场,方便本村人进行买卖交易
	随着村民自治改革开始实行,5月17日,钟山村第一位民选村委会主任蔡嘉辉当选上任
1994年	5月,钟山村第二届村委会选举圆满结束,蔡嘉辉同志获得全体村民的信任,连任村委会主任
	9月,经村委会与邮电部门协商,开通了一条数字程控电话线路,首批安装了70部电话,每台初装费为4760元人民币
1995年	4月,村委会投入资金,在马青路南侧翔鹭宿舍西侧钟山村地块上建了面积近千米的29间临街店面和一个较为规范的农贸市场,满足了村民销售农产品及周边市民的生活需求
	钟山村陆续成立了治保会、联防队等群防群治组织,形成了社会防范网络,增强了当地的治安
	钟山村重视计划生育工作,自成立计生协会以来,连续多年被评为区、镇级计划生育先进集体;1996年,钟山村人口为1797人
1996年	8月,筹划多年的钟山小学新教学楼破土动工,占地9000平方米。总投资120多万元人民币的四层半教学楼于1997年12月底竣工,村民子女高高兴兴地进入新教室上课
	1996年年底至1997年年初的全村自来水安装工程竣工后,村民们彻底改变了饮用不洁井水的历史
1997年	村委会换届选举中,一些年轻有为、扎实肯干、勇于开拓的村干部进入了新领导班子。蔡明群同志被选为新一届的村委会主任
	7月20日,钟山村老人协会和老人之家成立了。饱经风霜、为社会打拼多半辈子的钟山老人们终于有了温馨和睦的温暖之家。同年,由20多位农村妇女自愿组成的钟山村腰鼓队也成立了

续表

时间	标志性事件
1998年	8月开始，首期投资100多万元人民币的钟山村内道路改造工程开工，拆迁房屋围墙等近500平方米，修建、拓宽村干道178米；二期拆迁房屋围墙等400平方米，修建主干道176米；随后又改造、修建各类道路800多米，新修道路平坦宽敞，布局合理，地下管道齐全，彻底改变了原来道路狭窄和凹凸不平的状况，村容村貌和村民的出行得到了改善
1998年	10月，钟山村文化中心正式启用，图书室、阅览室、乒乓球室、影像厅、旱冰场等一应俱全，村民的文化生活水平得到了较大提高
1999年	10月，14号强台风正面袭击海沧地区，钟山村遭受严重灾害。山上的果树被连根拔起，村民的简易房屋被吹倒，农田被淹，损失达1000万元人民币以上。在村"两委"的领导下，全村人民齐心协力共同抗灾，在较短的时间内恢复了村庄的正常生产和生活
1999年	村"两委"根据上级建设新农村的要求，对村庄的建设提出规划和公告，改造面积23公顷。2000年，由于村民意见分歧，改造并不彻底，只打通村庄的中路，过坑尾前面的部分
2000年	4月，位于兴港路东侧的钟山新村建成，23家拆迁户高高兴兴地搬进了独栋别墅型新家
	8月，村委会再次投资数万元人民币，对钟山小学的围墙进行施工和6000多平方米的学校操场进行平整，学生们的学习环境得到进一步的改善
1995—2000年	1995年开始，钟山村对大部分的电线杆和老化的线路进行改造；1997年，对各户的电表进行彻底更换；2000年8月，全村的电改工作完成，村民的电费从原来的每度0.50元降到了0.386元，村民的生活开支节省许多
2003—2010年	2003年，海沧管委会主任翁云雷上任，提出钟山村要实现农村城市化，规划村民拆迁后就地安置，集中安置在村庄的一侧，其他部分土地交给政府处置
	村"两委"对政府的措施积极支持，干部们做了大量工作，拆迁依序进行

续表

时间	标志性事件
2010年	村庄改造正式拉开序幕。经过多方争取，反复论证，新村选址确定，就在原村庄的东北侧，紧靠繁华的海沧市区。共建11栋10多层的高楼，房屋朝向良好、采光充足、楼距宽阔。小区内的布局合理，有中心广场、幼儿园、家族宗祠、朝圣庙宇，外围还有沿街店面，为今后村民的生活提供了良好的保障，创造了农村安置的"钟山模式"
	钟山村的1万多平方米的集体房屋土地拆迁后可以以1∶1的比例置换商场店面或套房，为今后的社区集体经济发展提供了良好的空间
2011年	拆迁工作正在紧锣密鼓进行中
至2000年年底钟山村状况	全村人口1797人，551户，58个姓氏，非农业人口480人，小学生281名，中学以上140名，从事铁件加工、机械维修、家庭作坊等49家，个体私营公司有供销、食杂、机械、经贸、文具、加油等多家。1999年年底，社会总产值950万元人民币，总收入832万元，人均收入4630元
	1997年开始征地，至今被征1147亩，现存耕地656亩、山林3076亩、私人宅基地142亩（485宗）、村属建筑54亩（村委会、新旧小学、2个农贸市场、临街店面等）；村有果树：荔枝1804株、龙眼604株、杂果77亩；84年新开发果园106亩
	现存河窟：楼白河、燕仔河、戏管河、大河、公山河、地郎井
	钟山村几乎每家都有海外华侨亲戚关系，多数失去联系，回来的都十分热心于公益事业
	旧大厝：棋盘、旧小学、大六间、学子埕、新大厝、大条厝、山宅大厝
	四个角落：上厝尾、中社、后埔、四芽
	蔡尖尾山：公山、虎空山、洪厝山、娘伞山、塔后山、倒照山

教育事业

1945年前，钟山村村民借用了"大六间"后面两进华侨房屋办私塾，校舍十分简陋，学生人数较少。1945年秋，钟山村创办了初级小学,校址在蔡登楼宅。当时,学校的桌椅都是从学生家里搬来的,或者简单地用土坯搭起,教学费用也由学生分担。中华人民共和国成立后,学校变成由群众主体兴办,政府给予一定资金支持。1958年,由于钟山被渐美大队合并,学校改名为"渐美初级小学",直到1961年分设钟山大队后才改回原名"钟山初级小学"。1964年,钟山初级小学增设了高小,成为一所完小,名称也变为"钟山小学"。由于借用民宅作为校舍,简陋不便,1969年由印尼华侨捐资2.3万元人民币,历时两年建成新校舍。后来,学生人数逐年增多,该校舍容纳不下,于是村里重新选址在马青路边新建一栋面积达2200多平方米的四层教学楼。新校舍投入使用后,旧校舍成为村委会的办公场所。

钟山小学是一所国有公办学校,是厦门市海沧区教育局管辖的一所完全小学。在2002—2005年间,钟山小学是一所农村中心小学。随着海沧镇撤镇设街,2006年7月被调整为农村完全小学。2007年8月,根据区政府、区教育局的有关会议精神,由于生活区公办学校学位不足,为了尽可能满足农民工子女的就学需求,教育局将钟山小学1~6年级的81位学生(常住户口)转到厦门外国语学校海沧附属学校就读,钟山小学就成了海沧区唯一的一所公办的外口学校,专门接收暂住在海沧生活区附近的外来员工子女。学校地处海沧区嵩屿街道钟山社区居委会26号,现有一幢教学楼。校园占地面积约9100平方米,建筑面积2345平方米。至2011年,学校事业发展迅速,办学规模不断扩大,班级数由原来的中心校6个班增加到现在的14个班,学生数由177人增加到现在的567人;教职工34人,其中,小学高级教师17人,市骨干教师4人,省骨干教师、市学科带头人1人,区骨干教师、骨干班主任8人,区级学科带头人培养对象1人。

钟山小学教学楼

一直以来,钟山小学坚持"以人为本,以艺育人,凸显特色,全面发展"的办学理念,以"笃学、博爱、自律、自强"为校训,恪守"一切为了学生,让每一位学生都得到发展"的诺言,致力于学校规范严谨的管理。根据学生流动性大的特点,学校特别重视学生的习惯养成教育。通过创造性地开展形式多样的德育活动,如校园之星评比、优秀作业展示、情暖"第二故乡"主题班会、器乐演奏展示、绘画比赛、读书成果交流、运动会、广播操比赛、阳光体育展示活动、献爱心活动、组织学生走进社区、走进大自然、开展社会实践活动等,学校寓教育于活动之中,取得了显著的效果,学生的良好习惯逐渐养成,文明素质得到了极大的提升。广大教师本着"严谨治学、求真务实、开拓创新"的敬业精神,默默无闻、乐于奉献,以市级课题"公办学校中农民工子女教育问题的研究"为突破口,把课题研究与课堂教学紧密地结合起来,进一步提高了教师的教科研水平,教育教学质量不断提高,学生的综合素质不断提升。2009年6月,钟山小学六年级参加全区的毕业考试,获得全区总分第一名、英语平均分第一名的好成绩。学校组织学生参加各级各类学科比赛活动,也都取得了可喜的成绩。教师撰写的多篇论文在省、市获奖。

与此同时,学校也十分重视学生的全面发展,在艺术教育方面独具特色。学校组建了绘画、合唱、竖笛、竹笛、陶笛和葫芦丝等兴趣小组活动,不断提高了学生的审美情趣,促进了学生禀赋的开发,让学生在参与中锻炼,在体验中成长。学校开设了竖笛校本课程,学生每人一把竖笛,由音乐老师负责传授,学生学习热情十分高涨。学校连续三年的"六一"都举行了师生的器乐演奏展示活动。积极组织参加各级各类艺术比赛,硕果累累。2007年、2009年、2010年参加海沧区校园艺术节、音乐周文艺专场汇演,器乐合奏、合唱比赛都荣获二等奖。2009年4月,组织学生参加海沧区首届少年儿童器乐演奏比赛,一人获二等奖,一人获三等奖,这是农村学校唯一获奖的两名学生。2010年8月,参加首届海峡两岸葫芦丝艺术交流会荣获铜奖和最佳风格奖。2010年12月,参加海沧区教育局举办的首届器乐比赛,一人获一等奖,一人获二等奖,一人获三等奖,乐队组获二等奖。学生的绘画作品参加各级各类比赛,都获得了可喜的成绩。据不完全统计,获得国家级一等奖、二等奖、三等奖66人次,市级一等奖、二等奖、三等奖28人次,区级一等奖、二等奖、三等奖31人次。2008年8月,获得厦门市中小学生环保公益招贴画设计比赛优秀组织奖。2009年5月,在海沧区中小学生"纪念五四运动90周年画邮票、缅怀历史"现场绘画竞赛中,获得优秀组织奖。2010年6月,参加第十届"星星河"全国少年儿童美术书法摄影大赛中荣获集体三等奖。同年12月,由海沧区教师进修学校、海沧区文化馆主办,钟山小学承办的学生画展在海沧区文化中心展厅成功举办,共展出学生作品100多幅,全市美术教师及区所属各校领导都到会参观指导。这次参展的作品不但造型生动、构图饱满,而且色彩丰富鲜艳,不管是国画、线描画、蜡笔水彩画,还是装饰画、粘贴画、刮蜡画,都栩栩如生、妙趣盎然,充分展现了钟山小学小画家们热爱生活、崇尚高雅的艺术情操及丰富神奇的想象力和创造力,赢得了上级领导、家长和社会的广泛赞誉。

如今,毕业于钟山小学的学生之中,步入大学的达数百之众,还涌现出了三名研究生、二名国防士官生。尤其值得一提的是,蔡建蕊攻读北京大学研究生,而且获得了博士学位。钟山村的教育情况见表1-5。

表1-5 钟山村的教育变迁

时间	教育状况			备注
1945年以前	私塾	借用"大六间"后面二进华侨房屋	校舍简陋	—
1945年	钟山初级小学	借用"大六间"(蔡登楼)为校舍	学生桌椅或从家中搬来,或用土坯搭起	教学费用由学生分担
1949年	钟山初级小学	借用蔡新品二落大厝为校舍	—	民办公助
1958年	渐美初级小学	同上	华侨蔡清泠捐献课桌椅及鼓乐器材	合并为渐美大队后改名

续表

时间	教育状况			备注
1961年	钟山初级小学	同上	—	分设大队后改回原名
1964年	钟山小学	同上	—	增设高小
1969年	钟山小学	现村委（文化中心）	1967年捐资兴建新校舍，1969年建成	印尼华侨蔡清冷、蔡桂花、蔡文安、蔡文发捐献人民币23000元
1997年	钟山小学	马青路边新建四楼校舍2200多平方米	后改为外口学校，本村小学生集中至兴港小区的外国语附校就读	为建新校舍，村委会无偿献出地皮，并捐资120多万元，集美区教育局出资15万，村民自愿捐资10多万元。村"两委"村支书蔡明群夫妇捐升旗台一座
2007年	外国语海沧附校	—	—	—

注：钟山小学历任校长：邱高升、李炳祥、陈金山、陈银发、洪堂狮、陈文福、何友宣、杨汉义、江甲申、郭建成、吕太平、谢余光、邱继进、李荣辉、蔡武溅、张胜才、颜汉忠、周凤英。

第二章 古迹宗祠

第一节 历史古迹

石峰岩寺

石峰岩寺位于钟山村北蔡尖尾山上，依山筑于巨岩奇石嶙峋叠嶂之中，始建于明代末年，清乾隆年间、光绪二十五年（1899年）、1993年三次重修，奉祀以佛教三宝为主。寺占地面积134.8平方米，坐北朝南（偏东），抬梁穿斗混合式石木结构，面阔三间计9.3米，进深四间计14.5米，高6米，悬山顶，寺外建有沁心亭、放生池。寺庙前后石上有"净居""月岫""龙潭""隐圣""心石"清代石刻。2010年再次重修。

寺西隐圣洞中的"隐圣"二字题刻为楷书，字幅高1.2米、宽1米，两侧直题："隐妙慧光照法界，圣英教化度众生"。每字40厘米，石下有洞穴，宽约6平方米。传说，一书生进山砍柴，往山上洞穴观两老者（观音与山神化身）弈棋，不觉天晚，出洞时扁担已

石峰岩寺

"隐圣"石刻

腐朽，回时找不到家，方知父母早已过世。原来仙界一日，人间已过百年。书生再度返回洞中，两老者早已离去，只在洞内石缝处留一把米。书生将米煮完吃后，下顿又流出米来。书生等到白头仍不见神仙，伤感流泪，泪水滴在牛背上，书生化成神仙乘风而去，老牛化为巨石。据说，后来某僧人贪心，将洞挖大，米即不流。后人在石上刻"隐圣"留迹。

隐圣洞岩壁上有清人蔡钟的题诗石刻，为五言绝句，字幅高约2米，宽0.8米，诗曰："四壁悬崖处，无从动斧斤。天然古洞里，栖月与栖云。雪斋蔡钟"。寺中另保存有"开元蒙堂"碑刻，内容为"连泉、无余公入涅处。垂拱二年"（寺中一石上）。

水美宫

水美宫位于海沧区钟山村小溪入海处，又称"埔尾庵"，风水绝佳。原庙为清代所建，占地面积91.2平方米，坐东朝西。主殿面阔3间、进深3间，抬梁式构架，硬山顶，高约8米。堂内多保存清代木雕彩绘构件，奉祀民间神祇代天巡狩王爷。2009年，重新翻建，保留原来地基。堂内现仅存狮子、花卉等部分原来清代木雕。"文革"期间被关闭，成为仓库。自1980年始，每隔三年在此举行送王船仪式。

大门对联："代天宣化五湖乐太平，巡狩爱民四海庆繁荣。"

【重建水美宫碑记】

水美宫（又称埔尾庵）宅坐落在钟山村东南端小溪入海处，庙里供奉着代天巡狩。

水美宫

明代时期,贤人受害,后皇旨追谥加封为代天巡狩,由于他们生前善恶分明,疾恶如仇,倍受后人所敬仰。为纪念特设此庙供人朝拜。在闽厦漳泉地区影响甚大,故每日来自各方的善男信女,络绎不绝前来朝拜,香火甚旺。

尤其是三年一次仙舟游境的盛大庙会,群英会集、旌旗蔽日、锣鼓喧天、龙腾狮舞、高跷踩街,蜈蚣阁、彩车、各种民间乐队,应有尽有。游行队伍有数万人之多,长达几千米,真是盛况空前实属罕见。

因庙前工地施工造成庙宇损坏,经不住风雨考验,随时有倒塌之危,在丁亥年任水美宫理事会的会长:郑志福;副会长:李权林、蔡顺成、蔡聪国、蔡亚荣、林慧聪、蔡河池、蔡亚顺、陈体健、蔡连国、蔡印金、蔡钦伟、蔡亚川、林天福、蔡跃明、蔡和勇、蔡志波;彩莲头:

重建水美宫碑记

蔡志安;会计:蔡永明;出纳:蔡金发;及广大善男信女,大力支持,得以重建,今将诚心捐款者芳名特立此碑为记。

捐款重建水美宫芳名(略)

二〇〇二年六月

注:碑嵌砌于水美宫内北墙壁上。水美宫外北侧偏房另有内容相同的《重建水美宫碑记》。

福仁宫

福仁宫位于蔡氏宗祠对面,钟山村菜市场旁,奉祀代天巡狩王爷。敬奉王爷代天巡狩的主宫为水美宫,福仁宫为辅宫,建于1929年。曾几度修补,"文革"期间遭损坏,1999年重建。

福仁宫

福仁宫坐北朝南,大门对联:"代天行大道风调雨顺,巡狩施仁政国泰民安。"

【重建福仁宫碑记】

　　福仁宫是钟山村供奉代天巡狩的一座庙宇,处在厦漳泉之地区,久负盛名。建于清末,当时利用了蔡氏家庙翻修所剩木料,原是为供奉保生大帝而建(当时北宫已倒塌),后来逐渐放置送王船的用品,变成供奉王爷的庙宇。

　　代天巡狩三年一次庙会,几万人参加,远近闻名。仙舟游境时,艺人云集,旌旗蔽日,锣鼓喧天,高跷踩街,龙腾狮舞,蜈蚣阁、乐队,群英会集,热闹非凡。

　　代天巡狩是明代时期,进士贤人受害,后来皇旨追谥加封。钟

重建福仁宫碑记

山一带，纪念代天巡狩而设牌位朝拜之，已有数百年历史。发源地原在水美宫，每次庙会需要造一只海船，后因朝拜的人太多，不够用，故于1929年再扩建福仁宫。由于历史原因，曾几度变更，虽有修补，但庙容大有损坏，直至今年，在蔡国忠先生任主会；蔡福荣、蔡景南、郑乌吉、蔡清辉、蔡文龙、蔡建智、蔡进士、蔡聪国、吕元渊、蔡亚谦、蔡河池、蔡振安、蔡清海、蔡明生、蔡宝存、蔡亚川等任副会；蔡达详任彩莲头时，并在社会各界人士大力支持下，得以重建，今立此碑为记。（以下捐款芳名略）

公元一九九九年（己卯）六月十二日　立

注：碑竖于福仁宫前东侧，为黑辉石质，碑文（含捐款芳名）分正反两面刻记。

水陆北宫

水陆北宫位于钟山村东北部，马青路北侧，也称"大庵"，供奉主神为许真人、三宝佛和诸多神佛。

水陆北宫是海沧三都一带较有影响的古寺庙，始建于元朝，原来的建筑为土木结构，前后三殿，坐西面东，背靠蔡尖尾山支脉。

当年殿宇雄伟壮观，香火甚旺，主殿供奉的保生大帝许真人，身着黄袍，手持玉笏，尊严端庄。据传，历史上保生大帝有三真人，即许真人许逊、吴真人吴夲、孙真人孙思邈。慈济东、西、南、北宫供奉的保生大帝，就是吴真人吴夲。

根据民俗专家研究，许逊信仰是汉代以后在闽越古地广为流行的民间信仰。许逊字敬之，豫章南昌人，净明道派尊奉的祖师，相传著有《灵剑子》等道教经典。据道书记载，少以射猎为业，一日入山射鹿，鹿胎堕地，母鹿舔其崽而死。许逊怆然感悟，折弩而归，始栖托西山金氏之宅修道。

他赋性聪颖，博通经史、天文、地理、医学、阴阳五行学说，尤其爱好道家修炼法术。20岁举为孝廉，屡荐不就。29岁拜西安（今修水）大洞君吴猛学道，尽得秘传。36岁与文学家郭璞结伴遍访名山胜地，最后选择南昌西郊的逍遥山（今新建西山乡）隐居，只求修炼，不愿为仕，平日以孝、悌、忠、信教化乡里，深为乡人尊敬。直至西晋太康元年（280年）42岁时，因朝廷屡加礼命，难于推辞，才前往四川就任旌阳县令。

许逊到了旌阳，去贪鄙，减刑罚，倡仁孝，近贤远奸，实行了许多利国济民措施。有一年，旌阳大水为患，低田颗粒无收，许逊让大批农民到官府田里耕种，以工代税，使灾民获得解救。当时瘟疫流行，许逊便用自己学得的药方救治，药到病除，人民感激涕零，敬如父母。那时旌阳传唱一首民谣："人无盗窃，吏无奸欺，我君活人，病无能为。"盛赞许逊的功德。邻县民众纷纷前来归附，旌阳人户大增。许逊在旌阳10年，居官清廉，政绩卓著，被人们亲切称为"许旌阳"。太熙元年（290年），鉴于晋室将有大乱，料知国事不可为，许逊挂冠东归。启程时，送者蔽野；有的为他建生祠、画神像，终年祭祀；有的千里跟随来到西山，聚族而居，与许逊为伴，都改姓许，人称"许家营"。

许逊东归后，时值彭蠡湖（今鄱阳湖）水灾连年，他率郡民疏治，足迹踏遍湖区各地。他不仅为豫章治水，还到湖南、湖北、福建等地消除水患，赢得人民的广泛尊崇，被编成神话故事广为流传。

东晋元帝大兴四年（321年），许逊隐居南昌南郊梅仙祠旧址，创办道院，名太极观，额曰"净明真境"，立净明道派。其宗旨为"净明忠孝"。传说，许逊活到136岁，于东晋宁康二年（374年）八月初一合家42人一齐飞天成仙,世人尊奉他为"许仙"。东晋朝廷为了表彰他的功德,将旌阳县改名德阳县。后人在他居住地西山建起许仙祠,在南昌铁柱宫建旌阳祠,并受历代王朝赐匾表彰。

　　明末清初,钟山村人口众多,村落分散于铁赤后、大庵、钟林美、林厝埕等。在此期间,寺庙经过几次修复扩建,水陆北宫愈发气势宏伟。寺庙扩建之际选择粗大木料,郑成功收复我国台湾之际曾拆水陆北宫后殿,拿木料造船。清朝末年,因社会动荡,朝廷腐败,瘟疫横生,致使钟山人口锐减,钟山村一些小村落的人口逐步搬迁至钟林美(现在的钟山村)居住,大庵庙宇失去日常看管和养护,水陆北宫也日趋破旧倒塌,直至厦门解放时,仅剩不多的木料被彻底拆除,用于横渡厦门。1958年,这里的土地也逐步开垦为耕地。

水陆北宫供奉神明

　　水陆北宫主供大道公:大道公也称"保生大帝""福主菩萨""神功妙济真君",姓许,名逊,字敬之。晋代公元239年三月十五玉降河南,后住江西,祖辈善良,世代行医,秉性聪颖,博通经史、天文、地理、医学、阴阳五行学说,尤其爱好道家修炼法术。29岁拜吴猛学道,尽得秘传。36岁与文学家郭璞结伴遍访名山圣地,后择南昌隐居修炼。大道公足迹踏遍江西、湖南、湖北、福建、四川等地,做了不少利国利民、救苦扶贫的好事,赢得了百姓的尊敬和爱戴,其事迹被编成神话故事广为流传。大道公功德无量,不少传奇性的典故皆和他有关,如柔肠寸断、点石为金、一人得道鸡犬升天等。公元374年八月十五,许逊"合家飞升、鸡犬悉去",享年136岁,升天后被玉帝赐封为"天师",身穿黄龙袍,着帝帽,手持玉笏,降临人间,护佑百姓,并于元代正月初八永驻三都。

水陆北宫供奉神明

大道公的把坛神明——玉皇大帝：大道公在天庭为四大天师天相之一，是玉帝的主协仕，在人间为保生大帝，保佑黎民百姓，也是福主菩萨。为了更好地护佑有缘人，造福人类，玉帝特来把坛。玉皇上帝也称玉皇大帝，全称"昊天金阙无上至尊自然妙有弥罗至真玉皇上帝"，又称"昊天通明宫玉皇大帝""玄穹高上玉皇大帝"，居住在玉清宫。道教认为玉皇为众神之王，在道教神阶中修为境界不是最高，但是神权最大。玉皇上帝不仅统领天、地、人三界神灵，还管理宇宙万物的兴隆衰败、吉凶祸福。神诞之日为正月初九（阴历）。福建和我国台湾民众称玉皇大帝为"天公"。正月初九要"拜天公"，一家老小，斋戒沐浴，上香行礼，祭拜诵经。十二月二十五传为玉皇大帝下巡人间的日子，旧时道观和民间都要烧香念经，迎送玉皇大帝。

大道公的左协仕——吴仙师（黑脸）：吴猛，晋代道士，字世云，濮阳（今河南濮阳县）人，仕吴为西安令，性至孝。传闻吴猛8岁时就懂得孝敬父母。家里贫穷，没有蚊帐，蚊虫叮咬使父亲不能安睡。每到夏夜，吴猛总是赤身坐在父亲床前，任蚊虫叮咬而不驱赶，担心蚊虫离开自己去叮咬父亲。40岁时，得至人丁义授以神方，继而师从南海太守鲍靓，复得秘法。东吴黄龙二年（230年），得白云符，遂以道术大行于吴晋之间。晋武帝时，将所得秘法尽传于许逊。著作郎干宝感其异，作《搜神记》记之，以行于世。东晋孝武帝宁康二年（374年），吴猛解化于宅，宅号"紫云府"。宋政和二年（1112年），徽宗赐封为真人。民间供奉吴猛，以祈求平安富贵。

大道公的右协仕——木相祖师：郭璞（276—324年），字景纯，河东闻喜县人（今山西省闻喜县），西晋建平太守郭瑗之子，东晋著名学者。郭璞既是文学家和训诂学家，也是道学术数大师、游仙诗的祖师，还是晋代著名的地理学家。民间供奉郭璞，以祈求智慧。

大道公的左侍从——临水夫人：姓陈名靖姑（767—792年），或名进姑。一说宁德古田人，一说福州下渡人，闽南人称其为"先生妈"。临水夫人能降妖伏魔，扶危济难。24岁时，因祈雨抗旱、为民除害而牺牲。传说，临水夫人保护妇幼颇有奇效，因而被称为"救产护胎佑民女神"，即道教之中救助妇女难产之神，又被称为"顺天圣母"，一直深受妇女们的崇信。民间供奉临水夫人以祈求妇幼平安。

大道公的右侍从——三太公、中坛元帅哪吒：三十六官将的首领。

大道公的左副供神——王公、大妈婆、大使哥：王公乃广惠尊王谢安，俗称王公爷；大妈婆乃广惠夫人；大使哥乃谢府元帅，俗称"王孙大使哥"。三位神明乃开闽祖神,民间供奉三位神明,以祈求婚姻美满、家庭和睦、求生子女。

大道公的三十六官将:大道公的兵将。

大道公的下坛元帅——虎将公:民间供奉虎将公以求财,祈求行事完美。

水陆北宫重要祈拜吉日(农历)

正月初八:大道公携诸佛正神巡境三都,庇佑合境平安,风调雨顺。

正月十五:素斋拜供上元紫薇大帝,祈求新年合家平安,天官赐福。

四月初八:释迦佛圣诞法会,浴佛节。

五月初二:大道公圣诞。

八月十五:大道公成道、土地公圣诞,做消灾增福法会。

九月十九:拜千佛,祈求佛菩萨庇佑国泰民安,风调雨顺。

十二月二十:三牲礼谢平安。

灵山寺

灵山寺坐落于新水陆北宫北侧,为释迦牟尼佛、观世音菩萨道场。源于水陆北宫后殿的佛祖殿,现被扩大为灵山寺。

福寿庵

新水陆北宫门坊土地庙,也称大庵土地公庙,主供福德正神、

福寿庵

注生娘娘、添寿公公。大门对联："正则为神万世尊,福而有德千家敬。"

圣公宫

圣公宫位于钟山村内,供奉"飞天圣君"。据说,飞天圣君是困瑶村石岑社玉真法院之分灵。农历八月二十九是飞天圣君诞辰之日,钟山村的村民要抬着飞天圣君神像到玉真法院举行割香仪礼,回来之后还要公演数日歌仔戏,以示庆祝。

飞天大圣为保生大帝的高徒——张圣者。《同安县志》记载:"飞天大圣实有其人,原名张圣者,相传是安溪大坪村人,原为同安县县主簿,后弃官从医"。《同安县志》也留下了张圣者弃官从

圣公宫

吴夲于白礁村,结草茅日读道学的记载。张圣者弃官从吴夲行医,学会三五飞步之术,授得斩妖伏魔之法。宋明道二年(1033年),

漳泉一带发生疟疾，尸魔王乘机煽祸，瘟疫四起，百姓饥馑，饿殍载道。吴夲与张圣者舟米济民，施法除魔，百姓活者不可计数。后来，张圣者在青礁附近的石囷社和雍厝社圣地（玉真法院）化身。百姓感其功德，共谋纪念。解元李森舍地，进士林淑庵创建"玉真法院"。

哪吒庙

哪吒庙是钟山村里一座小庙，供奉哪吒。相传，哪吒为托塔天王李靖第三子，也是如来佛祖弟子之一，任天宫三坛海会大神。农历九月初九是其生日，各家各户要准备供品（荤素皆可）到庙里祭拜。

哪吒庙

祖师公庵

祖师公庵位于菜市场附近,为村民蔡忠敏私人建造。蔡忠敏的父亲去世前是祖师公的乩童,并把这一职业传给了儿子。蔡忠敏在

祖师公庵

自家土地上建了一间小庵供奉祖师公。钟山村内不少小孩给神明当义子,即祖师公之"契子",以祈求健康成长。因此,祖师公庵广结人缘、香火旺盛。门口对联:"真如向西方正觉,实性为东土保民。"横批:"金面祖师。"祖师公庵祈拜吉日为农历的正月初六,六月初六,八月初六(祖师公生日)。

蔡介山公墓

蔡介山,元代人。公墓位于钟山村蔡尖尾山山脚下,距今马青路西北侧50米处。墓葬坐北朝南,平面呈马蹄状,占地面积约300平方米。坟堆呈龟背状,外体用红砖、水泥等重筑,长3.6米,宽

蔡介山墓

2.1 米，高 1.22 米。明清两代，20 世纪 90 年代都曾重修，今保存完好。墓碑上书"钟山一世祖介山蔡公之墓"。

蔡登楼民居

蔡登楼系马来西亚槟城华侨，1952 年逝世。民居位于海沧镇钟山村 80 号，始建于 1920—1929 年，为蔡登楼私人建造。民居总房间 26 间，占地面积 878 平方米，坐东北朝西南，由前后两进及左右护厝、左右外护龙组成，总房间 26 间，占地面积 878 平方米，今外护龙已拆建新房。第一进为叠顶双燕尾脊，面阔 3 间、进深 2 间，第二进为单条燕尾脊，面阔 3 间、进深 2 间，左右护厝均为平脊，

蔡登楼民居

叠顶,马鞍形山墙,面阔 8 间、进深 1 间。屋脊以彩瓷花卉装饰,木梁雕刻花鸟、狮子玩球、钱字纹等图案,是典型的闽南大户民居建筑。

蔡震江墓

蔡震江,清初进士,生平不详。公墓位于石峰岩寺西南面公山后,坐西北朝东南。现见墓框为弧形,方首石质墓碑,上书"钟山清岁进士震江蔡公太孺人纯静江氏之墓。承重孙有燹、次房孙世家仝立"。

蔡震江墓

钟山村宫庙重要祈拜吉日（农历）

水美宫：正月初一，农历每月的初一和十五；三月二十（注生娘娘生日）；六月十八、八月十八、十月十八（王爷生日）。

福仁宫：正月初一，农历每月的初一和十五；六月十八、八月十八、十月十八。

石峰岩寺：二月初八、二月十九、四月初八（三宝佛生日），六月十九，七月二十九（地藏王菩萨生日），九月十九。

祖师公庵：正月初六，六月初六，八月初六（祖师公生日）。

哪吒庙：九月初九（哪吒生日）。

圣公宫：八月二十九（飞天圣君生日）。

蔡氏家庙——毂诒堂：正月十五（钻灯脚）、二月十五（春祭）、三月初三（清明祭祖）、八月十五（秋祭）、十月二十六（蔡氏宗族祭祖）。

第二节 蔡氏宗祠——毂诒堂

钟山村蔡氏宗祠，名曰"毂诒堂"，为本村蔡氏族人祠堂。该宗祠始建于明朝，乾隆年间因失修倒坯。光绪八年（1882年）、1940年曾数次重修。"文革"期间，被占为二队仓库及村部，致使堂貌被毁，风光殆尽。1987年回归蔡氏后，破旧不堪。2000年11月，钟山毂诒堂华侨联谊会理事会征求宗亲意见，决定重修。2001年（辛巳年）3月12日（农历二月十八）破土动工，同年九月竣工。

毂诒堂占地面积约150平方米，坐东北朝西南，祠前为月池。

第二章 古迹宗祠 47

毂诒堂

大门两侧为日月台，前后两进，为闽台传统建筑。前殿为假叠顶双燕尾脊，后殿为单条燕尾脊，前后殿均硬山顶。整体布局为二堂一天井式。中间为天井，左右为回廊。通面宽三间，计 10 米，总进深 15 米。门厅一间，开五门，大门标示葫芦体"鹤寿龟年"四字，大门内石刻楹联"派分光州固始，家奠圭海钟山。"前堂进深一间，正堂进深三间，堂内梁枋、斗拱，皆施彩画或雕饰花卉。神龛安放列祖列宗神位，石柱篆刻楹联："春祀秋尝无忘济阳世泽，父慈子孝不愧忠惠家声"。右壁中嵌清光绪八年（1882 年）孟冬重修碑记一通，辉绿岩质，倭首，高 1.06 米，宽 0.6 米。光绪八年（1882 年）重修《钟山蔡氏毂诒堂碑记》嵌砌宗祠内南墙之上，梁架、木石雕刻、墙体等皆为清代原物。宗祠之中原存有清代进士匾，屋脊剪粘精美无比，"文化大革命"时期均遭毁坏。大门外石刻楹联："钟声余韵起舞着

钟山蔡氏榖诒堂碑记

鞭储素志,山势遗形蜿蜒伏脉毓英才。"庭院之中树立三座石旗杆,均为蔡氏后人进士及第后立。

根据蔡明德会长的讲述,宗祠建筑风格具有皇室行宫的特色。一是大门两侧屋檐下设日月台,台边筑有小屋檐,屋檐上原放置小石狮子,"文革"中受损毁;二是祠堂内天井中央,布有一径青石走道,走道两旁天井,也称"日月井"。

每年农历十月二十六为蔡氏祠堂祭祖之日,也是钟山蔡氏第二代祖先蔡应午(蔡景福之子,号一学士)的忌日。宗祠旧有田产(稻田),现设理事会,专门负责日常事务、对外交流,蔡明德为第一任理事长,现在由蔡朝为接任。理事会的办会宗旨是"拥护党和政府的领导,维护国家和平统一,承上启下,传承中华文化,携手共进,

縠诒堂重修碑文

发展宗亲经济,服务社会,服务宗亲"。

　　縠诒堂内墙壁南侧,嵌有光绪八年(1882年)孟冬《縠诒堂碑记》一通。北侧,嵌有2001年腊月《縠诒堂重修碑文》一通。《縠诒堂碑记》为辉绿岩质,倭首,高1.06米,宽0.6米。

【縠诒堂碑记】

　　盖闻物本乎天,人本乎祖。凡祖基关系,实灵爽所式凭,亟宜图巩固而奠丕基,此木本水源所不能忘也。溯我祖祠前有池塘,涵盖倒影,掩映流光,位合帝座,形肖半圭,亦觉地灵而人杰焉。及代远年湮,沙流涨满,变成原阜,迄今百余载矣。寝庙蠹虫迭起,戚是之故。爰集族众佥议,中有克念厥祖者,集腋成裘,谋复旧制,此后或有鱼利出息照股均分，以昭奖励。经始于壬午蒲月，告竣于阳月，计费白镪五百大金。功成将诸向义泐之，贞珉以垂永远。公议始祖讳日，有得鱼利者，当纳地租壹员，以充祭费。至祠前田产地契，有配池水灌注。约自今始，不得援例借口，使池干水渴窒塞。祠前活泼之机，凡我族人，世世凛遵毋违。此议谨志颠末，用昭告诫。

  始祖介山公应得半股

  五世省庵公应得壹股

  十七世则先公应得壹股

  泗葵应得半股

  石头应得半股

  正忠应得半股

  江白应得半股

  玉喜应得半股

  有豆应得半股

    光绪捌年孟冬重修裔孙得喜、璞南、作谋、静村仝　立

【穀诒堂重修碑文】

  本家庙之重修，承蒙全村伍佰玖拾余丁乐捐共集资贰拾捌万余元，按原址原样修造，于辛巳年仲春兴工，菊月告竣，孟冬举行盛大落成庆典。今堂构焕然一新，古朴大方并立各世祖龛以供奉祀示裔宗睦族。此次组织重修家庙执事明德、朝梲、芋如、寿春、通行及理事会成员，本社耆老不辞劳苦，内外筹谋而尽责也。为弘扬先贤美德，励我后代特此铭记。兹将捐资芳名刊载如下（略）：单位万元

【重修钟山蔡氏家庙小记】

　　钟山蔡氏始祖名讳介山，字景福，生于元朝大德元年（1297年），卒于元至正二十七年（1367年），原籍河南省光州府固始县小阳村人氏。

　　景福公娶妻庄氏，即祖妣庄氏名讳观寿，号二太孺人，生有二子，长子名讳应午，号一学士，次子名讳应申。

　　应午公留居钟山，应申公分居漳浦洞野蔡。应午公娶妻温氏，即二祖妣名讳懿香，生有三子，长房名讳慈养，次房名讳惠养号睿波，三房名讳直养，即钟山蔡氏三房之分。

　　我蔡氏列祖列宗，在其有生之年为安家养子，建设家乡，含辛茹苦，艰苦创业做出了不可磨灭的贡献。明清两朝，我钟山蔡氏就出了进士、举人、秀才多人。为发展经济，几百年来我钟山蔡氏先辈前赴后继，不断努力，开发耕作，围海造田，商贾经营，创造了许多人间奇迹，仅围海造田，就达伍陆佰亩之多。截至公元1990年海沧开发之前，钟山就有良田千亩，旱地陆柒佰亩，山地叁仟多亩，河池鱼塘一百多亩，海面滩涂两三千亩，大厝近百座，是厦门地区有名的鱼米之乡。这些功绩是列祖列宗为我们的生存、发展创造的优越环境的有力见证。

　　我景福公开基于钟山后，其后裔又繁延到闽南各地，如漳浦、灌口东西蔡，五世祖秉规公之后，十五六世孙于清朝末年分居渐美。19世纪中叶后，由于种种原因，钟山蔡氏又大量移居东南亚各国，直至今日欧美各大洲都有我钟山蔡氏后裔，现有人丁万人。

　　几百年来，我钟山蔡氏列祖列宗，为谋生养子，建设家乡，前赴后继，他们所创下的丰功伟绩不胜枚举，他们虽早已离我们而去，却英灵在天，业绩永存，创业精神代代相传，催人奋进，万古流芳。

我钟山蔡氏家庙即是安放列祖列宗神圣灵位之所，也是中华民族文明历史的一个组成部分，它是一件珍贵的历史文物；也是一本书，是一部文明史，记载着我世世代代艰苦创业，不断发展壮大的主要过程。我其子孙后代怎能不管、不修、不予尊重。光绪年间，民国己巳就有两次重修，春祀秋尝，年年代代不忘修善祭典，以表我其后代一片孝敬之心。我蔡氏家庙是我心中的丰碑，崇高的殿堂。

钟山榖诒堂华侨联谊会

明德贰万贰仟玖拾　明群贰万　启生壹万零壹佰　朝桅壹万零贰拾
世才伍仟壹佰　荣宗伍仟壹佰　振平贰仟伍佰　和平壹仟玖佰壹拾
明守壹仟玖佰　春雨壹仟肆佰　国辉壹仟叁佰　世华壹仟叁佰
国祥壹仟叁佰　春成壹仟贰佰　天赐壹仟贰佰

以下各壹仟壹佰：
全亮　朝存　正义　荣辉　春明　国防　福财　清潭　亚同　坤芳
进宗　春才

文建壹仟零柒拾玖　志冠壹仟　江发柒佰　坤山柒佰

以下各陆佰：
寿春　合河　国忠　才情　志佳　乌居

以下各陆佰：
跃民　跃明　真猛　振安

顺安肆佰捌拾　九源肆佰柒拾　湖井肆佰肆拾

以下各肆佰：

通海　伟宏　伟嘉　清凉　建德　双福　天福　文龙　永乐　坤寿
聪福　寿山　志峰　东山

进江叁佰贰拾

春森叁佰壹拾壹

以下各叁佰：

宝财　宝顺　德隆　达祥　景隆　宝福　国荣　添福　海甘　清洁
清财　合全　文生　宝财　武装　亚森　和成　万球　金练　建兴
建智　坤福　金城

民生贰佰肆拾

得强贰佰贰拾

以下各肆佰：

志清　春雄　启东　烨阳　合荣　必隆　重食　文杰　宝存　协助
宗敏　全成　志勇　进团　宝福　国辉　育娟　宝进　剑峰　昆岗
建义　国良　友明　胜勇　和国　启川　将琳　辉辉　金条　通行
敏蔚　敏毅　敏嘉　建伟　泽坤　国民　建义　成旺　乌杰　河通
河平　辉艺　聪国　俊逸　俊男　宝存　亚宁　亚荣

灌口蔡厝宗亲贰仟贰佰元

渐美社：

辉溪贰万

以下各叁仟：

辉泉　顺德　贤贵

坤条陆佰

大嘴肆佰

玉生贰佰捌拾

以下各贰佰：

天福　世供　辉闪　通贤　主顾　忠信　振鹏　蔡鼻

马来西亚华侨永川壹仟

印尼华侨明芳壹仟壹佰

马来西亚华侨素珍壹仟

安居壹佰美元

保明贰拾陆美元

缅甸华侨来成贰佰贰拾

岭上小生壹仟壹佰

老生贰佰

蔡塘寿国伍佰

安徽凤阳蔡军贰佰

石塘淑宝陆仟

围瑶明娥贰仟

钟山明丽壹仟

招续壹仟

红绸壹仟

东孚素金陆佰

厦门春燕贰佰

钟山清树壹佰

            辛巳年腊月立

第三章　送王船

钟山村三年一度的"送王船"活动,于2005年被列为福建省非物质文化遗产。该活动的目的是为了祭拜朱、池、李三尊王爷,标以"代天巡狩"四字牌位来代替金身木雕神像,以示世道正义和人间公平。钟山村王爷有红脸、粉脸、青脸三个,王爷牌位供奉于钟山村水美宫和福仁宫两座庙宇,只有会长和"彩莲头"❶才能看到王爷的像。水美宫为发源地,主宫;1929年扩建而成的福仁宫为辅宫。马来西亚槟城蔡氏祠堂里也留下了水美宫碑记。送王船仪式在"文革"时一度中断,19世纪70年代,热心村民黄前、蔡永纯等带头提倡,至20世纪80年代渐渐恢复。

钟山村三年一次送王船,即在虎、蛇、猴、猪年举办送王船仪式。主会通过掷筊确定王船出巡日期时辰。王船出巡是日某时辰,举行仙舟游境。前有鸣锣开道,后有舞龙舞狮队、西乐队、腰鼓队、宋江阵、南音队、北管队、歌仔队、大乐队、蜈蚣阁等各具特色的娱乐队,最后才是王船队伍。王船后面是长长的香客队伍,道路两旁

---

❶ 彩莲指王船的水手,彩莲头指这些王船水手的负责人。

送王船入选省级非物质文化遗产保护名录

的观众也是黑压压的一大片,不计其数。绕完钟山村一圈后,队伍浩浩荡荡地到达终点站——村中心的福仁宫,人们便开始祭拜。下午四点多,王船又在众人的争抬下,到达王船埠(该村为烧王船的固定地点)。王船周边堆满大米、油盐酱醋、活猪活羊等供品和柴火,晚上燃放焰火之后,就开始烧王船,整个祭祀活动结束。

第一节　活动纪实

五百多年历史的钟山"送王船"

钟山村每三年一次的"送王船"习俗自明朝至今,已有500多年的历史。福建全省历史上留下了众多的王爷庙，尤其以钟山水美宫最有名、最灵验。多年以来，水美宫香火鼎盛，来者如潮，逐渐成为附近乡民的信仰中心。

关于王爷的传说各地有不同的版本，据水美宫理事会第八任会长陈福圆先生介绍，传说当年有36位进士进京赶考状元，提前到达后住在地下室读书、弹琴、唱曲。有奸臣嫌其喧哗，上告朝廷；唐太宗要张天师施法术制止，张天师祭起法坛作法，谁知银朱笔一丢，36位进士人头全部落地，成了屈死鬼。这些人赴京赶考原本是要为国家出力，想不到魂断京城，十分不甘，就托梦皇帝诉说冤情。皇帝觉得他们说得有理，就封他们为"代天巡狩"，替皇帝巡查四方，"游府吃府，游县吃县"。于是，36位进士的名字被写在纸上，分成12组，连同皇帝的圣旨牌一起装入12个竹筒，封好封口后投入江中任其漂流。其中一个竹筒最后漂到浦尾（钟山村边）的海滩上，被一个找食的乞丐捡到，撕开封口后看到皇旨和写着朱、池、李三位进士名字的字条。这位乞丐就在附近村民的帮助下募资捐款，于当地的海边——钟山村东南端的小溪入海处建起了"浦尾庵"，后改名为"水美宫"。从此，三位代天巡狩王爷受到当地乡民的供奉。各方乞丐在王爷庙里也得到了较好的待遇。他们可以未经王爷许可而随意享用庙里的供果，而其他民众擅自取用供果则可能会受到一些处罚。

钟山水美宫在闽台各地有相当多的信众，龙海的鸿渐王爷庙、晋江的十三施王爷庙等庙宇每年都要来水美宫挂香，请香火回去，以保一方平安。每三年一次的钟山送王船活动，闽南各地自发前来参加的民众达数万人之多。在钟山村中心，还有一座王爷庙——福仁宫，乃是水美宫的辅宫，送王船的一些仪式会在福仁宫举行。

水美宫地理位置极佳,且因为宫庙坐东面西,下山的太阳会直射到王爷身上,宫庙吸取日月精华,显得非常灵验。民众们不论大小事都会来求问王爷,大的事情如结婚、盖房,小的事情如遗失家物,他们都会来这里求神问卦,阴阳筊一搏,令可行,禁必止。只要照王爷的指示去做,必有可喜的收获,这样的例子在钟山是举不胜举,众人皆知。

水美宫三年一任送王船的庙会习俗从明代时期盛传至今,历来都是海沧地区最盛大的民间活动。2005 年 5 月,送王船习俗被列为省级非遗保护项目名录。2007 年,钟山村的送王船活动定于农历十一月初六(公历 12 月 15 日)举行。钟山村委会与水美宫主事们为申报国家级非文化遗产做大量的准备工作,在造王船、送王船活动中搜集各种仪式上的细节材料。

钟山"送王船"系列活动

立杆升旗

农历八月十六(公历 9 月 26 日),是造王船活动正式启动的日子。这天一早,庙会的 16 个理事就在郑会长的带领下,身着便服,在村中心的福仁宫门前广场上竖起两根粗约 20 厘米、高约 10 米的大红色旗杆,旗杆的上部各有两个木制方斗,写着"合境平安"等字样,方斗四角插 4 面小旗,是行善积德、爱护黎民、五谷丰登、经济繁荣等内容。旗杆竖起后,理事们在新旗杆上升起两面镶红牙边的橙色大旗,"代天巡狩"几个红色绣字分外醒目。随后,理事们在福仁宫前排成两行,一同举香先拜上天、再拜王爷。陆续点燃空

立杆升旗

地上数串十几米长的鞭炮后,现场的热烈气氛达到高潮。

立杆升旗仪式完毕,理事们来到相隔百米的位于村南端的水美宫。大家齐心协力把放在屋外的大批造船木材搬入宫内。老人们说,在造船期间将把宫内的三位王爷请到会长家中供奉,水美宫的正殿作为造王船的重要场所,几个月内都不允许闲杂人等随意进入,特别是不让女性进入造船现场。

安　栈

安栈是造船术语,就是安装船的龙骨,也就是造船的第一步。由于王船的所有部件都是以龙骨为基础,向船体前后延伸、往龙骨两侧展开,所以安栈的意义显得特别重要。

农历八月十八是个吉日,每任造王船的安栈仪式都定在这一天。其实,前一天晚上这里已经很热闹了。0:30分,恰逢月明风爽,很多村民干脆不睡觉,早早来到水美宫周围等候。宫外广场的路边摆满了大方桶烟花,足有20多个,还有蜿蜒如长蛇般的爆竹串覆盖着路面,行人只得踮着脚尖小心路过。

零点刚过,水美宫理事们陆续来到水美宫前。大家换上湖蓝色的长衫马褂,戴上黑色大礼帽,披上绣着"钟山水美宫理事会"金字的大红绶带。17个理事和穿黄衣的彩莲头(水手长)在宫门前列队,宫前的地面上还铺了两排草席。0:30分,吉时一到,爆竹声阵阵响起,理事们跪在草席上,朝着水美宫三叩九拜。礼毕,理事们进入宫内。这时,腰缠大红绸布的造船师傅对着罗盘,指

调整龙骨朝向

挥大家调整龙骨头部的朝向，最后选择与宫门夹角约为50°的西北方向摆放好王船龙骨（据说，每任的龙骨方向都根据风水地理进行调整）。接着，师傅在龙骨上安装好四块横向的木制部件（船肋骨）。0:50分，安栈仪式结束。这时，宫外的几十桶烟花陆续点燃，瞬间钟山村的夜空被朵朵银树金花镶嵌，灿若银河，天上的明月的光辉也黯淡了。焰火持续了20多分钟后，村民们才尽兴而归。

安龙眼

安龙眼也就是为王船安装眼睛。木船头部的两侧各装有一个眼

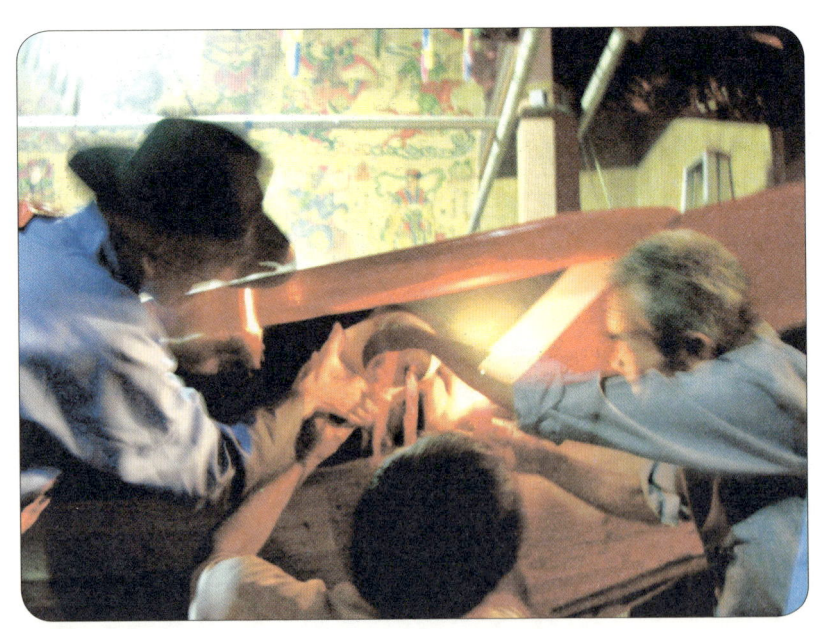

安龙眼

睛。有了眼睛，木船才有生命。安龙眼的仪式也是安排在晚上进行的，主要根据造王船的进度来挑选一个合适的吉日。2011年定在农历九月二十六晚上21:00举行安龙眼仪式。

安龙眼的仪式与安栈大同小异。理事们跪拜完毕进入宫内，分列王船两侧，造船师傅在红烛的光照下，将事先做好漆好的木制大眼睛用特制钉子钉在船体的相应位置上。两颗黑眼珠还镶挂着三条代表吉祥的红丝带。水美宫外照例烟花爆竹，不过规模稍小一些。

立桅、进水、请帆

立桅、进水、请帆是造王船过程中三项重要内容。立桅，顾名思义，就是在王船上立起桅杆；进水，则是到海边取回海水，运到宫内浸泡铁锚；请帆，是将王船出巡时悬挂的船帆请到水美宫来。

农历十月初四，钟山村举行了造王船开始以来规模最大的祭祀活动，上述三项仪式连续进行，一气呵成。

上午8:30，钟山村道上出现了一支长长的队伍。队伍最前端是两面"代天巡狩"金色大旗和12面绣着飞龙的三角形彩色大旗。接着是4个敲锣打鼓吹着唢呐的老人，32个头上戴着由各色彩花叠成锥形高帽、身穿蓝衣黑裤的彩莲（水手）。他们或手持船桨或提着红灯笼，由身穿黄色衣裤的彩莲头（水手长）带领，排成两列紧随其后。水美宫郑会长带领16名水美宫理事，身着长衫，头戴礼帽，披着红绶带走在队伍中间。压阵的是20名钟山村腰鼓队的女队员。她们边走边舞，鼓声阵阵，为活动增添了不少喜庆气氛。队伍从郑会长家中请出小王船（长约1.8米、挂着3面船帆、做工精致的王船样本），由彩莲们抬着来到村中心的福仁宫。理事们在宫内列队祭拜，态度虔诚、无比恭敬。

9:15，游行队伍穿过菜市场，沿着村道来到水美宫。

9:30，仪式正式开始，水美宫理事们三叩九拜，彩莲们也各人手持一束香拜上天、拜王爷；而在另一边，老人们在新做好的小舢板（王船的附船）船舱中间放入3个大陶钵，又在各个陶钵中放入1枝龙眼树枝叶。老人们说，这些是取海水的必要装备。

9:45，随着宫外阵阵鞭炮声，立桅仪式开始。三位老人在宫内的王船上立起桅杆，此时的桅杆其实是1根带着枝叶的粗竹竿，由于已经做好的桅杆足有6米多长，在船上立起来会超出屋顶，所以先用竹竿来代替。待十一月初六那天的凌晨，将王船从宫内移到宫外广场时，再换上真的桅杆，这是多年来的习惯做法。

9:50，进水队伍依照原先的排列顺序，浩浩荡荡开往海边，8个彩莲抬着小舢板和小王船走在队伍中间。古时候，涨潮时海水可以到达水美宫的门前，中华人民共和国成立后经过多次围海，海岸线已经退到距离村庄几千米远的海沧大道之外。离钟山村不远的海沧区行政中心南面的人工湖与外面大海是相通的。湖水就是海水，庙会经过掷筊后确定在湖的西岸取水。队伍行进了1000多米，来到湖边停下来，在湖岸上排列整齐，郑会长将一路上举在手中的主会炉在岸边立好，带领16位理事32位彩莲举香敬拜上天大海，取水开始。

庙会理事们一个挨一个从岸上到水边排成接力队伍，3个装着海水的大陶钵从水边被一双双有力的手臂传递到岸上的舢板边，然后由几个老人小心翼翼地抬到舢板的三格船舱里，再将洗净的龙眼树叶放在钵内的水面上。放过鞭炮，彩莲们抬起小舢板和小王船，游行队伍一路敲锣打鼓，顺着原路回到水美宫前。老人们把陶钵抬入宫内，摆在王船周围的地上，从船上取下3支铁锚，将铁锚尖浸入陶钵的海水里，大家陆续退出宫外，进水仪式完成。

立桅

进水

11:10,队伍又出发了,这回是请帆。大家依旧浩浩荡荡地穿过全村,来到本任会长家中请出几天前刚刚缝制完成的船帆,将其放在小舢板上抬回水美宫,放在王船上。至此,立桅、进水、请帆仪式全部结束。摄影师自始至终跟着队伍,跑前跑后,拍下大量影像资料,为钟山"送王船"习俗成功申报国家级非物质文化遗产提供有用的数据,而海沧街道干部、海沧区委宣传部干部也在现场采风,力图将这些难得一见的画面定格,为成功申报出力。

钟山"送王船"习俗文化节圆满成功

随着王船上的主桅杆在火舌的吞噬中渐渐向西北方向倾斜,继而在钟山西北片村民的欢呼声中轰然倒下,王船化吉这项习俗文化节中最重要的程序结束了,时间定格在晚上22:35分。成千上万围观的人群开始慢慢散去,一路上留下许多赞叹和思考。

三年一度的送王船活动,在农历十一月初六这一天达到最高潮。农历十一月初五,福仁宫和水美宫就在显眼的地方贴出大红通告:

王船出栈——十一月初六0:20; 王船游境——初六9:40;

抬王船安位——初六下午16:10; 王船化吉——初六晚21:40。

王船出栈

王船出栈指的是将王船从当初安栈(安装龙骨、建造王船)的水美宫正殿内移出到水美宫外的广场上,竖起主桅杆挂上船帆,为游境做好准备。

农历十一月初五,天刚擦黑,水美宫的广场上就聚集了不少热心的村民和好奇的外地打工人员。身穿蓝衣头戴彩帽的彩莲们手扶船桨维持着现场秩序。村中鞭炮声声震耳欲聋，天上礼花串串耀眼夺目。换好服装的庙会理事们和戴着红袖标的指挥们在宫门前等候吉时到来。23：30分，宫门两侧门板开始拆除，宫门顿时拓宽为4米多，在广场上就可以很清楚地看到王船的庐山真面目了。

　　农历十一月初六的0：00刚过，身穿黄衣的彩莲头在广场上竖起了5米多高的"代天巡狩"旗幡，理事们进入水美宫内，对王船进行再一次的检查整理后退出宫门列队恭候。此时，还发生了一个小插曲，一批村民涌入宫中，想提前在抬王船的队伍中争到一个席位，少数人的冲动及时被大会组织者制止了。

王船出宫

0:20分,吉时已到,随着总指挥的一声号令,在船身周围列队的众多村民们用双手慢慢托起重达几千斤的王船,小心谨慎地移动脚步,跨出门槛,稳稳地将王船放置在广场中央的四方形船架上,接着将船头调整为朝南方向。不断升空的礼花将广场点亮得如同白昼。

6个穿蓝衣扎红绸头戴鸭舌帽的老人(王船游境时船上的水手)登上王船,开始做出海航行前的准备。他们先后树起前桅杆、后桅杆和主桅杆,又挂上3面大船帆、3个铁锚。

落在船前船后,锚尖浸入陶钵海水内,意指停船下锚。其他村民在主事们的安排下,在船身四周用10多根碗口粗的长杉木绑在四方形船架上,扎成一个巨大的众人扛抬的架子。理事们在船头前方的空地上摆下3张供桌,围上"代天巡狩"的桌帷,桌上摆满供品。引人瞩目的是宰好去毛的两只大牲畜:1只大肥猪和1只大公羊。妇女们则对着王船虔诚地烧香跪拜,祈求王爷保佑风调雨顺、合境平安。

凌晨2:00多,随着爆竹声渐渐稀疏,围观的人群敌不过困意,逐渐散去,村庄又恢复平静。

王船游境

王船游境是习俗文化节的一项重要活动程序。历届送王船活动举行之际,到钟山村参加活动的人数都多达上万人,规模大、游行路线长,由于牵涉交通、消防、公安、市政等方面,所以水美宫理事会、村"两委"、村老年会通力合作,做了大量的前期准备工作。公安部门、街道办、区政府,当天都派了许多得力干部,协助钟山村开展文化节的活动。

清晨5：00，村中心戏台上就挤满了5~8岁的男孩、女孩和他们的家长。大家正忙着为孩子们化妆，稚嫩的脸蛋抹着油彩，娇小的身躯套上戏服，帝王将相、才子佳人，一个个被打扮得惟妙惟肖。他们将坐在蜈蚣阁上随着香阵队伍游行到中午时分。

天刚蒙蒙亮，水美宫广场上就来了很多妇女和老人，他们提着香篮，在供桌上摆满供物，烧香祭拜王爷。十几个彩莲在王船附近维持着秩序。

8:30分，庙会理事们都来到水美宫，大家有条不紊地在会长的指挥下做着准备。共同参加文化节盛典的同安车鼓弄、翔安拍胸舞等团体也陆续来到现场，大伙儿围着经常在媒体上出现的百姓演员们问长问短。车鼓弄和拍胸舞也被列入了省级非遗项目保护名录。

王船游境分为两个部分，香阵队伍游行路线长且早于王船队伍出发，按计划两支队伍将在兴港路会合。

8:50分，香阵（进香队伍）开始从水美宫出发。队伍最前面的是4个老年妇女，她们拿着头部用红色带子绑着龙眼树叶的扫把，轻扫着路面浮尘。两面开路大锣"铛""铛"回响，4个村民抬着巨大的不锈钢牌匾，"钟山村"3个大金字在阳光下格外耀眼；另一面大牌匾"福建省非物质文化遗产——钟山送王船"紧随其后。10多个中小学生举着的庙会旗帜迎风招展，3位老人各牵1匹身披大红布的高头大马，为游行队伍增添了许多喜庆色彩。

阵容强大的蜈蚣阁队伍走过来了。在前任水美宫会长、本届文化节副总指挥陈福圆先生的指挥下，124个身穿红色运动衫的壮汉肩扛着连成一条长龙般的30节漂亮的阁棚，百米长的蜈蚣阁蜿蜒前行。头尾两端的龙头和龙尾随着节奏上下左右舞动。坐在阁棚上的60个儿童睁着好奇的眼睛，神情严肃地扮演着他们的戏剧角色。一些心疼他们的家长手里举着香紧跟在队伍后面，路边的观众啧啧称叹。

香阵队伍

蜈蚣阁队伍

香阵的乐队游行队伍由35支从晋江、石狮、龙海、同安等地请来的乐队组成。其中,西乐大乐队就有15支,其余是腰鼓队、西鼓队、舞狮舞龙队,还有戏剧人物、歌仔唱、踩高跷等。大部分乐队都是由本村村民或邻近村民答谢的。一位名叫陈梧桐的钟山村民由于王爷特别眷顾,近年来事业顺利,本届文化节他一家人就答谢了蜈蚣阁和其余11支乐队,感恩之情可见一斑。

香阵队伍绵延数里,顺着沧林三路、海富路、沧虹路,经过大海洋、翔鹭花园,到达兴港路。一路上,不断有人加入进香队伍之中,围观的群众更是人山人海。

水美宫前的准备工作还在紧张进行着,6位由老渔民担任的水手忙着往船上装载各种航行用品,并搬上大量的纸钱。厦门卫视的记者正在采访钟山村的热心人士蔡明德先生,他将送王船习俗的来龙去脉如数家珍般娓娓道来。村庄附近几家公司的领导也来到水美宫前,向钟山村村"两委"和庙会理事们表示了企业对钟山送王船习俗文化节的祝福。

9:40的吉时一到,爆竹声骤然响起,王船巡游的队伍开始移动。前面照例是几个一手举香一手拿扫把的老年妇女在轻扫浮尘,几个老汉敲锣打鼓紧随其后。拍胸舞、车鼓弄两个团体一路前行一路表演,钟山女子腰鼓队队伍整齐、鼓点有力。5位身着彩色道袍、头扎小髻的同安道士吹着牛角号子,16个庙会理事在郑会长的带领下走在王船前面,32名彩莲手持船桨巡行在王船两侧,身材健壮的彩莲头双手挥动"代天巡狩"旗幡为王船开道,王船队伍根据旗幡指引或行或停,井然有序。

游行队伍中最引人注目的是那艘花费三个月时间精心打造的王船了。王船长12米,连主帆一起高约7米,船身全部采用上等木料,由同安聘请的老造船工按照实际比例一丝不苟地制作出来,出海航行的设施应有尽有。老渔民说,这艘木船放入海中完全可以正常航行。据说,以前送王船的习俗就是将船放入海中让其随意漂流,王爷在船上一路代天行道,后来才逐渐改为"烧王船"。

今天的王船被装扮得特别漂亮,船头装饰着一个硕大的纸扎虎头,其额头上的"王"字、龇牙咧口的大嘴巴和炯炯有神的绿眼睛让人感受到了王爷的威严。三面船帆高高挂起,两侧船舷插着十几面彩色小旗,船身上绘着十二生肖活灵活现的画像。

最为壮观的还是抬王船的人群。船身前后左右共有 8 根碗口粗的长杉木扎成众人扛抬的架子,王船游境时每根杉木最少有 15 个汉子用肩膀扛着,还有许多人钻到船底下用手托着船身,王船就在近 200 人的扛抬下,在陆地上游行自如。

众人争抬王船

在王船游境总指挥的号令下,王船队伍时而缓步前行,好像航行在风平浪静的浩瀚大海之中;时而急速奔跑,就如船在大河之中顺流直下;时而停在原地,船身翻腾起伏不止,原来是遇到大风大浪,但最后总能逢凶化吉。虽然汉子们挤在船身狭小的空间里,但大家仍然配合默契。村里的习俗是,凡是男子汉这一天都应该去抬王船,这样王爷才会降福于你。所以在王船行进的过程中,众多男人(包括一些外乡人)都跟着抬王船的队伍一起走,只要一有人抬累了退出来,马上就有人补上去。抬过王船退出队伍的人虽然大汗淋漓、气喘吁吁,但他们脸上流露的却是心满意足的笑容。

由于主帆顶端离地面高度足有8米多,因而马路上方的许多线

王船停下"做谯"

缆都成了前行的障碍，王船巡境中除了有两位村民拿着长竹竿在路边挑高线缆外，船上的4位水手不断地在收帆放桅、树桅升帆，动作熟练自如。另两位水手则不停地将装满船上20多个大麻袋的纸钱大把地撒向人群，象征王爷将吉祥和恩泽不断撒向人间。

王船在全长4千米的巡境绕村路程中共有5个歇脚停靠点：沧林二路路口、沧虹路路口、马青路钟山村口、兴港路钟山村口和海沧行政中心检察院附近路口。每当王船到达一个停靠点，彩莲头的高旗幡就靠近船头，指挥船慢慢地停放在路中间。水手将铁锚放下，浸入陶钵的海水中。老人们在船前空地摆上供桌香炉，会长带领16位庙会理事们列队举香叩拜，5位道士摇着铜铃吹着牛角，绕着供桌忙着"做醮"。拍胸舞、车鼓弄、腰鼓队几个团体则随着音乐在围观的人群中间表演精彩的节目。他们认真敬业的态度和诙谐幽默的演出博得了人们的阵阵喝彩。

在王船游境和香阵游行的过程中，海沧公安分局出动了大批警力在沿途维持治安及疏导交通，他们被村民称"王爷的保护神"。海沧电视台、厦门卫视台的记者们不辞辛劳，跟着队伍前后奔跑，抓拍精彩镜头，也深得村民们的赞赏。

经过一个上午的游行和五次停靠做醮，各路队伍终于在中午12:00到达活动的终点——钟山村福仁宫附近的村道上。王船在这里调了一个头，下了锚稳稳地停泊在路边。庙会理事们虔诚地做完仪式，王船游境的程序告一段落。这时，穿戏服的小孩们逐个从蜈蚣阁的阁棚中爬出来，伸伸懒腰，疲倦的小脸上充满成就感。在旁边戏台前，各路英雄的演出则刚刚开始，参加巡游的40支乐队、歌队、龙狮队纷纷表演拿手好戏，围观群众大饱眼福。

抬王船安位

经过中午时分短暂休息,钟山送王船习俗文化节下午又掀起一个小高潮。

村民们在下午三点多就陆续聚集到村中心王船的停泊处,他们等待着抢先占到抬王船的有利位置。等16:10的吉时一到,大家齐心协力将王船抬到村庄南端的空地就位。庙会理事们和手拿船桨的彩莲们也早在现场张罗开来。他们列队祭拜后,随着开船的发出号令,会长就带领抬王船队伍一路上敲锣打鼓,浩浩荡荡地从村道中间往南开拔。村南端的一大片菜地已经提前平整好,队伍顺着区文

王船边堆满供品

化中心边上的马路拐进空地,在这里王船掉转了方向,船头正对南方,稳稳地落在地上。数百个汉子从船身下钻了出来,满身大汗却满脸喜悦。

王船安位后,10多个庙会理事挽起袖子,扎起马褂,将现场摆放的一捆捆柴火片子搬到船身底下,塞满后又在周围堆上大批纸钱、米袋、盐袋、筷子捆大小的柴火和苹果桔子等水果,堆得王船就像停泊在小山包上似的。这叫"王船添载",即给王船装载供品。有12项供品是必需的,如三牲(猪头带尾、羊、鸡)、韭菜、种子(槟榔芋种、稻谷种)、铁钉、木炭等。其他物品都是各家村民为王船出行准备的。比如,只有荷包大小的米袋象征一担米,两捆筷子粗细的小木棍就代表一挑柴火。这些数量充足的粮草可以让王爷在代天巡狩时绝无后顾之忧。船上面摆满了锅碗瓢勺、纸轿纸人,甚至还有活鸡活羊,万事俱备,只待东风。

一切准备就绪,天也渐渐黑下来了,现场只留下几个彩莲看守,众人先后回家。村里家家都准备了丰盛的晚餐,招待许多前来参加习俗活动的亲朋好友。谁家的客人多,谁家就觉得荣耀。

王船化吉

王船化吉是送王船习俗文化节中最重要的内容,村民们不说"烧"王船,而说"化吉",显然是一种讨吉祥的说法。传说,王爷三年一度乘坐王船出行天下,代表上天扬善惩恶,完成使命后,他就会骑着白马带领众将士回到钟山水美宫。送王爷正式出行的时辰,各方人士都十分重视,参加活动的人数也达到历史的最高峰。现场围观的群众里三层外三层,真可谓人山人海。只见村庄上空烟花齐放,此起彼伏,照亮了附近的高楼大厦,映红了村民们的张张笑脸。

　　附近各家企业的领导应活动总指挥们的邀请早早来到化吉现场,并以贵宾身份进入直径百米、由众多彩莲守卫的化吉圈内。他们和钟山书记蔡明群先生一起观看了王船化吉的全过程。在化吉圈内还有厦门卫视台、海沧电视台等多家媒体的摄像机对准王船准备拍摄精彩镜头。人民卫士们则忠于职守,在四周警惕守护着。庙会理事们则在 20:30 将王爷金身送到船上,并将各人的替身人偶留在王爷身边,随后大家迅速回家将长衫换下。为避免不吉利的事情发生,他们在回家途中按照习俗每人口中都含着一个鸡蛋,

老人给王船点火

避免无意中与他人说话。王船化吉活动则由村中德高望重的老人们来主持。

时间在人们的期待中慢慢流逝,道士们继续做醮,几位老人在船的堆积物上洒上柴油,点着香烟在旁边等候,鞭炮焰火陆续停熄。

21:40,火种准时从一个老人的打火机中传到堆积的柴堆上,接着其他几位老人分别在各处点燃,瞬间大火裹着疾风轰然而起。整艘王船顿时被大火吞没,船头、船尾、船舱、旌旗、船帆、桅杆,全都烧了起来,火光异常耀眼,热浪扑面而来。但是,围观的人群却没有一个人退后半步,大家或好奇,或崇敬,或震惊,有人在欢呼,有人在呐喊,有人在感叹,个个充满了激情。在人群中,独见

王船化吉

那位费时百日、花了大量心血打造出精美王船的同安老造船工王师傅红着眼睛，神情木然，点着香烟的双手微微颤抖，口中喃喃自语："烧掉是不是很可惜？"怜惜之情溢于言表。

随着火势越来越旺，船身渐渐被烧穿，木料烧成红炭不断坍塌。船正中那根近20厘米粗的主桅杆也被火舌缠绕，根部越烧越细，却久久屹立，不肯轻易倒下。成千上万围观的人全盯着这根桅杆，现场三四台摄像机的镜头也全冲着它，大家都在猜测这桅杆到底会倒向什么地方。钟山村分为东南、东北、西南、西北四块居住片区，传说当王船化吉时主桅杆倒在哪个方向，王爷对那个片区的村民就会更加眷顾，他们生活得就会更平安、事业会更发达。经过50分钟的烈焰燃烧，王船及周围的堆放物基本化为灰烬时，主桅杆才渐渐向西北倾斜，在几十个西北片村民的欢呼雀跃声中倒了下来。这时，众人才长舒了一口气。之后，天上烟花地上爆竹又响成一片，村中戏台上的芗剧好戏刚刚开演，村民们要欢乐通宵了。

钟山"送王船"习俗文化节感言

顺利举办送王船活动的启示是深刻久远的，世人从中学到了很多课堂上书本中学不到的东西，感谢钟山村民，感谢"代天巡狩"。经过钟山村民众的努力和各级政府部门的支持，以钟山送王船为代表的"闽台送王船习俗"于2010年顺利列入国家非遗目录。

第二节　口述报道

送王船活动自始至终精心组织，环环相扣，犹如一部大机器在精密运转。这里有钟山村民的智慧、勤劳，有庙会主事们的无私奉献，还有村领导和各级政府部门、社会各届人士的大力支持。

会长制

钟山村送王船实行会长制。在换届那年的正月初二，由老会长在水美宫卜杯选出新会长。候选人由钟山4个角落——上厝尾、后埔、芽角、中社轮流选出。会长可直接任命彩莲头（水手长）、会计、出纳（负责管理水美宫和福仁宫的香油钱）。新会长在选出后当年的农历六月十八（王爷生日）才正式接任。后如遇到会长带重孝的情况需再次选举。正月初四，由新会长在水美宫卜杯选出副会长，钟山村四个角落各选出4人，一共16人。

庙会组织的诞生和分工

钟山村的送王船大型庙会活动每三年举办一次，每逢虎年、蛇年、猴年、猪年的正月初二就开始启动新一任理事会的选举，确认各项准备工作。新任理事会主持日常工作，一直持续到农历十一月王船化吉后庙会才告一段落。

王船化吉的时间是冬至前的某个休息日，由王爷决定具体的日期和时辰，也就是由庙会会长在王爷牌位前确定的。

正月初二那天，由上一任会长主持在水美宫通过卜阴阳筊选出下一任新会长。新会长候选人由钟山村4个角落（原来划分的4个居住片区——上厝尾、后埔、四芽角和中社）中一个角落的热心庙会活动的自愿报名人组成。虎年、蛇年、猴年和猪年相对应的4个角落轮值，12年一循环，愿意参加候选的男性成年村民都可以报名应选。

新会长选出后，通过卜阴阳筊确定送王船各项活动的具体时间：王船安龙眼日期，王船立桅、请帆、进水的日期和王船化吉的日期。八月十六立杆升旗、八月十八王船安桟的日期是固定的，则不需要卜筊确定。

正月初四，由新会长主持在水美宫卜阴阳筊选出副会长（庙会理事），在钟山村4个角落众多热心庙会活动的自愿报名人当中各选出4人，一共16人，加上会长、彩莲头组成新一任的庙会理事会。当年如遇会长带重孝，将需要重新进行选举。

新一任庙会理事会正式接任是在当年的农历六月十八（王爷生日那天）。当天上午，钟山村庙会要举办隆重交接仪式，从上一任会长家中请出主会炉、小王船，游行队伍浩浩荡荡经过村中主要道路，一路烟花炮仗，锣鼓喧天，一直送到福仁宫、水美宫，祭拜后送到新任会长家中设台供放。

庙会的彩莲头（水手长）、会计、出纳（负责管理水美宫和福仁宫的香油钱）等庙会具体办事人员由新会长直接任命。通常情况下，根据会长的提议，各个角落的4个理事要推选一个小组长，负责组里事务。4个组日常紧密合作、具体分工，其中会长所在角落的小组负责年节活动、唱戏安排等庙里的主要事务，会长会根据需要安排一个常务副会长来协助自己管理。第二个小组负责对外联络、接待安排等，另外两个组则轮流负责王船的建造。

在临近送王船的日子，具体事务繁多，会长将根据需要调配人员，灵活机动地安排各项工作。村"两委"干部、蔡氏宗庙、村老人会全都鼎力相助，大家同心协力，力求把活动办得圆满，办得完美。

送王船活动的那几天，会长、理事们需要进行各项祭拜仪式，无暇顾及整个活动进程的安排和指挥，会长会邀请一个年富力强、精力旺盛、富有经验的热心人士担任庙会活动总指挥，期望把整个过程进行得井井有条。与此同时，村委会将委派一个副村主任协助庙会工作，村老人会担当后勤工作，大家配合默契。

蜈蚣阁整装待发

蜈蚣阁

第 7 任以前的钟山村庙会活动之中的蜈蚣阁香阵游行，皆是由东屿村的队伍自费组织参加。作为海边村落，东屿村民非常崇敬王爷。那时，钟山村组织了一种叫作"大篷"的、类似蜈蚣阁的彩轿参加送王船活动的香阵游行。宽 2 米、长 3 米的彩色花轿上坐着 2 个彩妆儿童，10 多个彩轿依序排列行进，队伍也十分壮观。从第 8 任庙会开始，村中热心人士捐资购买蜈蚣阁阁板、请扎纸艺工匠扎制漂亮的蜈蚣阁参加香阵。如今，蜈蚣阁已经具有较大规模，大多在 30 节以上。

村民家中如果有 5~8 岁的小孩，他们都会争先恐后地报名

竹制杯筊

参加蜈蚣阁的游行。因为这是非常吉祥的活动，大家都相信能在今后得到王爷的庇护，孩子也一定能健康成长。此外，大家都愿意负担一笔不菲的费用（每节6个抬阁人工的费用、服装等的费用）。

报上名后，家长还要参加抽签，因为蜈蚣阁的小孩将穿上戏服，扮成帝王将相、才子佳人。这时，大家都希望抽到帝王的服装，那是最吉利的。不仅如此，因为服装分为男女，而报名的男女生却没有固定，所以有的女孩要穿上男装，男孩们却不希望扮成小姐，这些都需要庙会的组织者花费一番心思。

蜈蚣阁游行时，家长们还得举着香烛，跟在蜈蚣阁队伍的两边，时刻照应着宝贝们。巡境半天下来，大人小孩都累了，但大家都觉得特别值。

卜阴阳筊

钟山村的信仰跟闽南一带人的信仰基本一致，道教与佛教信仰相互融合，形成了特有的拜神习俗，如在王爷前卜筊占卜吉凶，烧金银纸钱等。

所谓杯筊，最常见的是竹制，形状似半月，外突内平，外称阳，内称阴。占卜时先将杯筊合拢，捧至胸前，默祷一番后，抛空掷地，视其俯仰，以定吉凶。占卜时，抛空掷地，两片杯筊一正一反为圣杯，皆正为阳杯或笑杯，皆反为阴杯或怒杯。圣杯寓意王爷赞许，所求吉利；笑杯寓意王爷嬉笑，不置可否；怒杯寓意不同意，所求不吉。

王爷塑像

钟山村的水美宫、福仁宫供奉的王爷没有真身塑像,只是"代天巡狩"的牌位。在送王船的前半个月,才由专业扎纸艺人糊制出分别是红脸、粉脸、青脸的朱、池、李三尊王爷塑像。这些塑像自始至终是不能让大家看到的,在这期间密藏在蔡氏家庙中,每天由会长及彩莲头为王爷"洗脸"(一种仪式),只有他们和一位蔡氏年长者才能看到王爷的塑像。

在送王船活动的当天下午,三尊王爷塑像由会长、采莲头和蔡氏年长者双手捧着,在丝绣大华盖遮盖下,由采莲们护送着一路步行,从蔡氏家庙出发,直接送到安放在村边的王船上。王爷们将在当晚随王船一起化吉。

王爷塑像的华盖

送王船历任会长

第 1 任：蔡永纯（推举）无副会，4 个彩莲；第 2 任：蔡有房；第 3 任：蔡合河；第 4 任：蔡文龙；第 5 任：林（蔡）建猛（因当会长改姓蔡）；第 6 任：蔡全叹；第 7 任：蔡国忠；第 8 任：陈福圆；第 9 任：蔡聪明；第 10 任：郑志福；第 11 任：蔡福顺。

第四章　农耕文化

第一节　钟山三宝

钟山村西倚蔡尖尾山脉,东临厦门西海域,气候温和、土地肥沃、雨量充沛。又有一溪流从村中东西横贯而过,灌溉便利。村民自古勤劳朴实、开拓进取、劈山为地、填海造田。农业繁荣鼎盛,物产富饶丰隆。

中华人民共和国成立前,钟山村人口700多人,开垦良田2000多亩,林地3000多亩,村民以从事农业生产为主,广植五谷,兼饲家禽。由于坐拥众多田地,而劳力相对较少,钟山村的部分田地,尤其是那些毗邻周遭村落而离本村落较远的田地,大部分都由石塘、渐美、东屿等村落的村民租种。蔡尖尾山坡一带那个时候分布着成片的环山梯田,由于海拔较高,日照充足,又有山泉丰沛,利于灌溉,村民因地制宜,遍植水稻。早稻一般在农历二月初播种,三月插秧,六月收获;而晚稻一般在六月底七月初播种,十月收获。据统计,当时每季水稻平均亩产约350千克。钟山村的旱地则主要分布于村落东北及西南方向，成片绵延至石塘村和渐美村地界。村民主要种植甘蔗、花生和大豆。尤以甘蔗种植盛极一时，村中还建有两个榨糖作坊，其兴盛之状可窥其一斑。

中华人民共和国成立后，社会政治稳定，人民休养生息，钟山村的人口有了一定的增长。1952年年底，土改运动后，那些原来被邻村租种的田地便被划归与其他村庄。从此以后，钟山村的田地便形成了现在的格局。而后，养殖业作为副业在农村中大规模兴起，几乎家家户户都饲有鸡、鸭、猪、牛等，房前屋后常建有猪圈牛棚。种植业中的经济作物比重也在逐年递增，甘蔗、红薯和芋头堪称"钟山三宝"，久负盛名。

甘蔗种植

钟山村的甘蔗种植，起源于唐代。唐垂拱二年（686年），陈元光创建漳州府后，即通谕"劝民重本栽培甘蔗。"到了宋、元时期，福建省的蔗糖业已有相当规模。13世纪末，意大利人马可·波罗在其游记中记叙了他到福建后，看到了当地蔗糖业繁荣兴盛的景况。

钟山村地处九龙江出海口，水土条件优越，甘蔗种植相当盛行。品种有竹蔗、昆仑蔗、荔浦蔗、粤蔗及果蔗等。中华人民共和国成立后，由于引进新品种，改进种植技术，钟山村甘蔗种植的规模和产量都有了大幅提升，平均亩产量达3~5吨，含糖量达13%~15%。1990年后，海沧被设立为国家级台商投资区，钟山村田地被大量征用，甘蔗种植便从此销声匿迹。

手工业时代的榨糖作坊被当地人称为"糖寮"，遗憾的是，现在的钟山村内已经找不到糖寮和榨糖设备的历史遗迹了，就连一些石器类的小部件也无从可考。据村里的老人介绍，榨糖设备的主要部

甘蔗

件是两块各重达 400 多千克的圆筒状绞榨石碾，石碾上刻齿纹，装置轴心。榨糖时，用两头牛同时拉动绞榨石碾，再由人工负责输送甘蔗。榨出的糖水被引流到大缸里，接着舀出糖水，倒入大锅烧火熬糖，直至将糖水熬成糖块，最后再制作成红糖。据说，大约 100 千克甘蔗便可熬出 12 千克红糖。以此推算，每个糖寮一天能生产 200 千克的红糖。

钟山村年逾八秩的村民王四卿回忆说，他很小的时候，就知道有这样的糖寮了。当时，钟山村村民大量种植甘蔗，自己家里也种了不少，一年可生产近 400 千克的红糖。家庭收入的三分之一都是靠卖糖所得。每年农历十一月底，家家户户开始把收获的甘蔗运到糖寮，排队等待制糖。抗日战争爆发后，1938 年 5 月厦门沦陷，在

榨糖石碾

日军炮火的狂轰滥炸之下，钟山村的工农业生产遭受重创，甘蔗种植业一度荒废，直至中华人民共和国成立后才恢复。20世纪50年代，由于工业化的迅猛发展，出现了大型自动化榨糖机械，国家同时出台了甘蔗统一征购制度，于是糖寮便渐渐退出了历史的舞台，直至湮灭在现代化的进程中。

芋头种植

芋头属天南星科芋属，别名芋艿、毛芋等，原产印度东部和马来西亚等热带地方，我国栽培历史悠久，《史记》《汉书》等古籍均有记载。芋头的种植区主要包括华南、西南和长江流域等地。芋头性喜高温湿润，耐阴不耐旱，水田或旱地均可栽培。钟山村栽培芋

芋头

头的历史可以追溯到明清甚至更早,其品种为槟榔芋,亩产量一般在1500千克左右,最高可达2000千克,而且它的市场价格要比普通芋头贵出一半。钟山村的芋头在闽南一带小有名气,与1972年美国总统尼克松访华期间,入选国宴的灌口仙景芋齐名。

钟山村芋头的播种时间一般在冬至节气晚稻收割之后,即终霜后下种,过早播种则易造成烂种。播种以株距约30厘米,行距约60厘米,深度约10厘米为宜。整垄播种过冬,等待来年发芽。

由于芋头的生长周期长、产量高,需肥和水的量大,因此芋头的田间管理要注意肥水的及时补充,尤其是在春季芋头生长的旺盛时期。另外,由于芋头的球茎在生长过程中会随着叶片的增加而逐渐向地表生长,从而影响芋头的产量和质量,因此培土工作十分必要。

蔡永明是钟山村民公认的种芋能手，谈起种芋经，这位忠厚老实、沉默寡言的庄稼汉子立刻神采奕奕、口若悬河。他说，芋田培土一般在春末夏初进行，是一件重体力活。村民们头顶炎炎烈日，脚踩泥泞芋田，在一片片绿油油的伞状芋叶的掩映下，俯身挥锄，辛苦劳作，可谓"乡村四月闲人少，家家户户忙培芋"！

农历七八月，待新芋叶黄根枯、球茎充分成熟后，便可收获，晚芋最迟也应于农历九月初霜降前后收割。采收前，应先割去地上茎部和叶片，待割口干燥愈合后选择晴天采收。采芋是村民们最为忙碌而幸福的一段时光。尽管"秋老虎"的余热还未褪尽，芋田里还热得像个蒸笼，豆大的汗珠嗖嗖地往外冒，但勤劳的钟山村民仍脸带笑意将一颗颗刚刚被采出土的外皮褐赭、圆圆滚滚、揣在手里沉甸甸的槟榔芋很快地在箩筐里码成一座小金字塔。强壮的钟山男人一个屈膝挺腰、一肩挑起，扁担尖上那颤悠悠的喜悦洒满了满载而归的路途。

如果说采芋是男人们力量的展示，那么卖芋则是女人们智慧的体现。天色微明、晨光熹微，在开往厦门本岛的木船上挤满了卖芋的钟山妇女。那时多用帆船，需算准潮汐涨落的时间才能出航。为了能够赶上第一班船，她们摸黑起早既要为家人备好早饭，又要整理当日出售的货品。卖芋靠的就是嘴甜和脚勤，当然口算和心算能力也必不可少。钟山妇女一顶斗笠，一条扁担，在厦门的老城区里走街串巷，一路吆喝。遇上老主顾，笑脸相迎价更优；若是新买家，口齿生花斤两足。钟山村的芋头虽然没有原产地认证，也不是名牌产品，但凭借其个大体圆的外形，酥绵松软的口感，再加浓郁的香气深得老厦门人的喜爱，其畅销程度就无须赘言了。

红薯种植

红薯又名番薯、甘薯、山芋、地瓜、红苕等,原产于美洲地区。明万历二十一年(1593年)五月,福建长乐人陈振龙冒着被西班牙殖民当局严罚的危险,秘密将红薯藤从吕宋岛(今菲律宾)带回福建,献给福州巡抚金学曾。这批红薯藤先在漳州试种成功,后由官府在民间大力推广种植。那时,钟山村村民蔡乌杰最早从长泰林墩引进红薯品种,钟山村栽培红薯的历史也由此开始。钟山村的田地土质松软、酸碱适中、气候适宜、水源便利,十分适合红薯的种植。钟山村的红薯外皮泛紫,内心黄中透红,味道清香甜美,质地松软耐嚼,而且还有很高的纤维素、葡萄糖和维生素含量,蒸煮烤炸皆可,男女老少咸宜。"红薯汤,红薯馍,离开

红薯田

红薯不能活"，红薯曾经是 20 世纪 60 年代初期粮食的替代品。说到红薯，就会勾起很多钟山村人忆苦思甜的情绪来。不过如今的红薯是集防癌抗癌、美容瘦身于一体的健康食品，已经不再是那个"瓜菜代"❶时期的充饥物了。

钟山村红薯一般采用扦插法进行种植。最佳播种季节是夏季六月间。南方夏季一般潮湿而多雨，日最高气温在 30℃以上，十分适宜红薯萌发嫩芽和抽出新枝。红薯采用垄作，每亩扦插种苗 2500~4000 条最为适宜。

红薯的田间管理包括施肥、灌溉、除草、松土、培土和翻蔓等环节。由于红薯根系发达，且茎蔓匍匐生长，茎节可遇土生根，吸肥吸水能力很强，因此要注意氮、磷和钾肥的供应和田地的灌溉。灌水主要根据垄面干燥开裂来判断是否需水。灌水后，垄沟稍干不沾泥，要进行除草、松土和培土。

红薯在生长的中后期阶段，藤蔓渐长，为防止茎蔓徒长和滋长新根，增加营养损耗，这时应适当翻蔓控长和抑制茎蔓长根。翻蔓应是提蔓断根，轻放回原位，不可翻乱茎叶的原有正常分布。如果茎叶反放，则会严重影响光合作用和产量。

一般在农历十一月，成熟的红薯就可采收上市。红薯采收时要尽量减少漏收，同时要避免破伤薯块，否则易在贮存期间感染病害，导致腐烂。钟山村红薯的平均亩产量为

红薯

---

❶ 20 世纪 50 年代，由于粮食短缺，人们的生活遵循"低标准，瓜菜代"，即以瓜菜代替口粮度日。

2500~3000 千克。红薯的贮存时间长达半年之久。经过一段时间的窖藏消水后,其甜度会大大提高,口感更好。厦门民间谚语"六月底的番薯贵过米",说的就是经过消水的红薯更加美味可口,能卖个好价钱。

红薯收获的季节也是小孩们一年中最快乐的一段时光,因为烤红薯的时刻来了。田间地头,三五一伙,在孩子们一双双灵巧的小手下,一个个形状大小各异的土块被垒砌成一座座金字塔状的"土瓮";然后,再从树林里捡来枯叶干枝,放入瓮内烧火。不到半个钟头,瓮顶处的小土块就被柴火烧得通红,拿根火柴试试土块温度,一触即燃。这时,便可熄火,用土块堵住灶口,再将红薯从瓮顶处投入瓮中。接着将瓮身烧得通红的土块从上往下依次推入瓮中,盖住红薯,来个亲密接触;最后,取来松土,均匀铺洒,将土瓮盖个严严实实,密不透气,再用脚踩夯实,俨然像座小山包,这下便大功告成,可以静候佳味了。

红薯从进入滚烫的土瓮到完全熟透,一般需要1~2个小时。这是一个神奇的、物理的变化过程,而在一群馋水横流的小孩子的眼里,这却是一个艰难的、漫长的等待过程。在土块热情似火的拥抱下,钟山村的红薯慢慢发烫、融化、酥软,接着一股股甜蜜难挡的香气便从山包里激情四射。然后,当甜蜜味转成焦香味时,期待已久的钟山烤红薯终于可以新鲜出炉了。

红薯的种植同时带动了村里商贸业和养殖业的发展,村民们将含糖量高的薯种运到市场销售,增收致富;还可以将含淀粉量高的薯种用作家禽家畜的饲料,借以兴办养殖业。可以说,红薯的种植为钟山村经济的发展起到了积极的推动作用。

第二节 饮食文化

汤　圆

汤圆

汤圆是冬至必备的食品,是一种用糯米粉制成的圆形甜品,"圆"意味着团圆、圆满。冬至吃汤圆,象征家庭和谐、吉祥,故冬至吃汤圆又叫"冬至圆"。民间有"吃了汤圆大一岁"之说。冬至圆既可以用来祭祖,也可用于互赠亲朋。

发糕（粿）

发糕以糯米蒸煮制成,其味清香、柔嫩而爽口,是一种大众化的糕饼类食物。发糕制作较为讲究,首先要选择精白的糯米除去沙石等杂质,并用清水反复冲洗干净,再放在清水中浸泡3~6个小时。待米粒泡胀后,滤水把湿米磨成米浆。接着,将米浆过滤除去颗粒物,加上白糖（或红糖）、发酵粉,搅匀

发糕

后倒入特制的蒸笼内。待蒸锅里的水烧开后将蒸笼放入，盖上锅盖，保持火候蒸 40 分钟左右，就可取出放凉，切成小块便可食用。发糕取其"发"字，普遍用于人生各种礼仪的专用食品，如寿诞、进宅和婚嫁等。只要在发糕上面贴上剪成的"喜"字的红纸，就可作为贺礼的吉祥物品。如果蒸好的糕点发得很大，将尤令主人欣慰。

红龟粿

红龟粿为闽南人节日祭祀之糯米制食品，扁平约巴掌大小，红色，外压龟印内包馅，以植物叶为垫。先将浸泡过的糯米研磨成米浆，倒入米袋绑紧压干去除水分，待半干后拿出。紧接着，加入红

红龟粿

花米搅拌成红色,再加以揉捣。揉捣完成后,再分出约巴掌大小一块,包入内馅(甜一般为甜豆沙,咸则有各种口味)后,放入粿印压平印出龟印。然后,再将红龟粿背面抹油平放于香蕉叶上,置入笼屉后置于灶上大鼎,以热水蒸气炊熟。红龟粿吃起来口感同如麻糍、甜软韧。闽南人除了将其作为节日祭祀之供品外,一些庙宇也会用为祭祀品。

甜　粿

按旧习俗,新年"炊甜粿"要选择良辰吉日。按当地人的传统说法,甜粿炊得如何将影响到来年的运气好坏,况且甜粿又称

甜粿

年糕，颇有年年高、一年更比一年高之寓意。因此，新年炊甜粿这一习俗，在人们的心目中是一件不可等闲视之的大事。甜粿一般作为祭祀先祖、敬拜神明之供品。未经祭祀首礼的甜粿，家人是不可擅自提前食用的，否则就被视为不敬。不过，本年间有丧事人家，却可免去炊甜粿这道工序，理由是丧事人家有秽气，不能沾神圣之物。

传说，战国时期，吴王阖闾伐越，越国败后，越王勾践被吴囚牢役使三年后获释回越。勾践回国后，卧薪尝胆、奋发图强。数年后，发兵伐吴，吴国败亡。而此前，吴国大将伍子胥曾多次劝谏吴王夫差（阖闾的儿子）杀死勾践，以绝后患。但夫差不仅不纳忠言，反赐伍子胥利剑自尽。伍子胥临终对部下说："国将败亡，饥荒之时，百姓可挖城三尺，以解饥困。"原来，身为楚国人的伍子胥投靠吴国后，见到吴国君王夫差日夜沉溺于酒色，不理朝政，他料定越王勾践会伺机奋起发兵复仇，那时吴国将生灵涂炭。于是，他便悄悄派人在城墙脚下，用糯米粉搅红糖汤加压蒸制成城墙砖块，这种砖块坚固无比，可以食用，长年贮藏不易变质。

数年之后，渐渐强盛起来的越国，在越王勾践率领下，发兵攻打吴国。吴国败后，百姓纷纷逃难，饿殍遍野。这时，有个士兵记起伍子胥临终之言，便率众来到城门外挖墙，当挖到三尺深时，果然挖到了又红又甜，可以充饥的米砖块。这种米砖块便是最初的甜粿。

后来，南方地区为了纪念伍子胥砌米砖救百姓的功德，便在每年新年来临之际，用糯米粉搅红糖汤蒸制这种砖块状甜粿祭神祀祖。久而久之，经过年代变迁和加工改良，把甜粿砖块状改制成圆形状。

粽 子

在农历五月端午节时,钟山村民会准备传统的碱粽,还有米粽、豆粽、肉粽。钟山村肉粽用上等糯米,配上虾仁、香菇、鸡蛋和猪五花肉,调入五香粉等作料,与一般的肉粽不同。吃时解开竹叶,调以沙茶酱或辣酱,味道鲜美,香气扑鼻。

历史上有关粽子的传说颇多,而最广泛、也最为人们所津津乐道的,当数关于屈原的故事了。相传,在公元前278年的战国时代,秦昭王派大将白起伐楚。攻陷楚国郢都(今湖北江陵),"烧夷陵,楚王兵散,遂不复战,陟都于陈"。当时,楚国三闾大夫,爱国诗人屈原,"哀州土之沉沦,悲江介之遗风。"农历五月初五那天,他写

粽子

下了他最后一篇诗歌《怀沙》后,便怀恨抱石自沉罗江。人们为使屈原的躯体不被鱼蟹伤害,就用竹筒贮米做成碱粽,也有用箬叶包糯米,用五彩线缠扎成菱角形角粽,投入江中供鱼蟹食用。其后便历代相沿,将夏至尝黍祭祖先一变而为端午节食粽祭屈原。因为屈原是五月初五投罗江,所以人们便把五月初五定为端午节,并在这一天吃粽子。

半年圆

农历六月十五要做"半年圆"以祭祀祖先。半年圆用粳米蒸制,大小如龙眼核,红白相间,祀神后须用红糖煮汤。此圆和冬至圆有所不同,它是用粳米做成,中掺点红色,蒸热加红糖煮吃,以此寓半年团圆。

吃半年圆的风俗始自明代。明朝中期,人称小苏杭的漳州月港令倭寇海盗垂涎三尺,不时伺机骚扰。尤其在夏粮收割完毕时,贼船常偷偷靠岸,突然袭击,见人便杀,见物就抢。于是,人们就安排农历六月十五提前过个小年,进行小"围炉",蒸些小圆仔,祈求神明保丰收,家家吉祥平安。如今,吃半年圆也是一种度暑庆丰年、改善生活的体现。

半年圆

碗仔粿

碗仔粿

碗仔粿俗名油葱粿,独具地方风味小点。选用上等粳米磨浆,盛入小碗中,加入香肠片、瘦肉、荸荠蓉、鹌鹑蛋等,放入蒸笼中旺火蒸熟。粿质不粘不结,软滑有弹性。食用时根据个人口味,配以油葱、酱油、北醋、卤酱、鳊鱼末、沙茶酱、辣酱、蒜蓉等佐料,令人口齿生涎。

第五章　时令风俗

第一节　岁时节庆

闽南人称正月初一为"新正"。钟山村也流行厦门一带的正月歌:"初一早,初二巧,初三困甲饱❶,初四接神,初五过开,初六挹肥❷,初七七元,初八完全,初九天公生,初十地公暝,十一请囝婿❸,十二返来拜,十三饮糜配芥菜,十四搭灯棚,十五元宵,十六看大烛,十七倒灯棚,十八无半圆。"

除夕晚上十二点过后,也就是正月初一凌晨,钟山村各家各户开始大放焰火和鞭炮,迎接新年的到来。到了早上,人们准备好各色水果、三杯清茶、茶配(闽南一带特指喝茶时食用的饼干、糖果等点心)等供品到水美宫、福仁宫祭拜神明。祭拜时要点香烛,拜后烧金银纸并放鞭炮。供品忌用荤菜和酒。

---

❶ 困甲饱指睡到饱。
❷ 挹肥指将平日污秽的厕所清扫干净。
❸ 囝婿指女婿。

村民在水美宫上香

由于正月是新年伊始,人们的所有举动都关系到新一年里的吉凶,所以在正月里有许多禁忌。如初一至初四忌用扫帚扫地,恐财气一扫而空。如果实在需要打扫,须把垃圾扫到门后或墙角里堆着,不得拿出去倒掉,等初五那天再一块清理掉。初二忌操刀切物,所有要用刀切的食品,都应在除夕准备周全。忌打骂小孩,说不吉利的话等。

正月初二"做头牙"。做牙是闽南一带的节令习俗。人们在农历每个月的初二、十六都有做牙的习俗。钟山村把每年农历正月初二称为"头牙",十二月十六称为"尾牙"。即使没有经营生意的家庭也重视做牙。而且随着家庭生活的不断富裕,做牙的档次也越来越高。做牙的时候,要在院前(或店前,住在套房则在阳台上),摆上果品、酒菜,如炒米粉、炒面条、甜丸子、鸡、鸭、猪等各种肉类、

第五章 时令风俗

做牙

虾类等,并在院前或楼下烧香、烧金银纸等。做牙一般是家庭妇女来操办的。她们祀神的目的,一是期盼生意兴隆,发家致富;二是期望外出工作的亲人一切顺利;上学读书的能考上大学,并最终能有好工作;子女未婚的则婚姻如意;家有猪、羊、鸡、鸭、猫、狗等,也盼其六畜兴旺;三是邀请亲朋好友和全家人欢聚,聚聚餐,叙叙旧,拉拉家常。

正月初二也是"女婿日"。在钟山村,这天已婚妇女要和丈夫、子女,携带茶配、红包等礼品一同回娘家拜年,俗称"做客",并在那里吃一餐。在酒席上，女儿和女婿给父母等长辈送红包，父母亲也给外孙红包，家里热闹非凡。

以前，钟山村正月初三不拜年，因此有"初三困到饱"一说。

正月初四一早，人们要准备菜饭、水果等供品，焚香烧纸迎接回天庭的神祇，俗称"接神""接尪"。供品忌用空心菜、菜豆、牛肉、狗肉和芭乐。

正月初五俗称"破五"，禁忌可以破了，人们可以开始打扫房间，把垃圾拿出去倒掉。

正月初六是清水祖师公和三平祖师公两位神灵的诞辰日。清水祖师的祖庙在泉州市安溪蓬莱清水岩，三平祖师的祖庙在漳州市平和三平寺。

钟山村有些虔诚的村民在正月初五、正月初六会驱车前往祖庙祭拜。大部分村民还是在村里的祖师公庵或者家里的佛龛前祭拜。供品可用水果，忌用荤菜、柑橘（据说祖师公姓甘）。钟山村的祖师公庵在菜市场附近，是由村民蔡忠敏私人建造的。蔡忠敏的父亲去世前是祖师公的乩童，并把这一职业传给了儿子，于是蔡忠敏便在自家的土地上盖了一间小庵供奉祖师公。村里有很多孩子给祖师公做契子（即小孩给神明当义子，祈求健康成长），因此庵里的香火很旺。

钟山村水陆北宫供奉着一尊名叫许逊的大道公的神像，村里在每年正月初八举行保生大帝神像游境活动。到了正月初八那天上午游境活动开始前，村民先要准备大量菜饭、牲礼等供品到水陆北宫祭拜并添油香钱（多少随意）。游境的时间一到，年轻人抬着保生大帝神像的辇轿和村里庙宇供奉的神像的辇轿开始出游。神像在前面，后面是村民个人答谢的西乐队、腰鼓队、彩旗队，老人小孩和妇女人手一支点燃的香紧跟在队伍左右，叫"随香"。队伍所到之处，鞭

第五章 时令风俗 107

拜天公

炮声与奏乐声齐鸣，全村热闹非凡。游境队伍绕村一周，最后把神像抬回到各自的庙宇里，活动宣告结束。

正月初九天公生，即给玉皇大帝过生日。拜天公仪式通常在凌晨就开始举行，因此供品在前一天晚上就要准备好。在祭拜时，村民们通常使用专门的供桌，四周围上红色刺绣的布桌围，四个桌角垫上金纸。供品有公鸡（脚上扎红线）、猪头（抹红）、韭菜（用红纸或红线捆扎）、鱼、12个红龟粿、12粒红圆、发粿、3粒染红的白煮鸡蛋、3碗用红糖煮的甜面线等。祭拜时，要点一对特别粗的红香烛。拜完后，要烧天公金（一种纸钱），并放一串长长的鞭炮，祈求全家一年四季顺顺利利、平平安安。以前，家里如有新嫁出的女儿，可以将拜天公的公鸡和红龟粿作为礼品送给新女婿家。

正月十五是元宵节。村民要准备供品在家里大厅祭拜三界公。三界公指道教信仰中的三官大帝,即上元赐福天官紫微大帝、中元赦罪地官清虚大帝、下元解厄水官洞阴大帝,是分别掌管天、地、水三界之神。供品与天公生的一样,唯一不同的是,红龟粿上印的是拜三界公特有的花样。如果家里有人做木匠的话,祭拜时还要把木工工具放到供桌上。

元宵节那天,村民还要把供奉在水美宫的大仁公妈抬出来游境。据说,早先在蔡氏家庙——穀诒堂这块土地上建有一座小庙,供奉的是大仁公妈神像,后来让出土地盖了蔡氏家庙,神像就被移到水美宫供奉。因此,每年元宵节,村民都会把大仁公妈神像抬出来游行,并进行祭拜。村里新婚夫妇头胎若生了男孩,也要到庙里向大仁公妈报喜。

据说在很早以前,钟山村元宵节还有"拜土地公庙,叩大猪"的习俗。钟山的土地公庙现在位于马青路旁边水陆北宫对面。在开发前,那一带都是农田。到了冬天,田地被犁过了,上面的土结成一块块。每到正月十五,村民都要带海蛎饭到土地公庙拜拜,之后吩咐家里的小孩到田里去捡土块,家里有几只猪就捡几粒土块。回来后,要将土块放在猪圈里的猪槽下面,祈求猪快快长大。这就是"拜土地公庙,叩大猪"的习俗,现在已不复存在。

元宵节晚上,蔡氏家庙——穀诒堂灯火通明,这里会举行"钻灯脚"的活动。村里在上一年生男孩的家庭必须到这里来点一盏灯笼,上一年娶进的新娘子则要到这里来钻灯脚。人在灯笼下穿过,俗话说"钻灯脚,生男孩",祈求新的一年能早得贵子。

元宵节过完,春节就算结束了。之后,农历每个月的初一和十五,家家户户要到庙里拜尪公。每个月的初二和十六,要在家里拜土地公。这是每个月固定的习俗。除此之外,每个月里还有其他

土地公庙

的节日,所谓"农家月月都有节"。

二月初二是土地公生日,那天村民要煮海蛎饭祭拜土地公和土地婆。祭拜仪式在家中大厅的神龛前举行。之所以用海蛎饭祭拜土地婆还有一个典故。据说,土地公为人忠厚老实、热心助人,而土地婆被认为是恶婆,心比较狠。她怕女儿出嫁没有穷人抬轿,于是便说"要让穷人穷得手无寸铁,富人富上天"。民间老百姓很痛恨她,所以就在她老公生日时,用她不敢吃的海蛎做成咸饭来祭拜她,让她吃不下,饿肚子,让她体会穷人之苦。

二月十五是钟山村祭祀祖先的"春秋二祭"之"春祭"。这通常是祭祀年代久远而不知道其忌日的祖先,供品可用菜饭等,在家里神龛前祭拜即可。

钟山村的蔡尖尾山上有座石峰岩寺,里面主供三宝佛。三宝佛是指空间上的三世佛,包括东方净琉璃世界的药师佛、娑婆世界的释迦牟尼佛、西方极乐世界的阿弥陀佛。每年农历二月初八、二月十九、四月初八分别是三宝佛的生日。到了这几天,村民都带着供品到石峰岩寺为佛祖过生日。

清明节也是传统的节日,主要活动是祭祖和扫墓。钟山村的清明祭祖一般在农历三月初三举行。供品中必须有碗仔粿。碗仔粿可以做成甜的,也可以放油葱做成半甜半咸的。以前,村民是自己做碗仔粿,而现在通常是买现成的,龙海市角美一带有人会做大量的碗仔粿来村里兜售。

扫墓则是在清明节的当天进行。全家老少带上供品到山上墓地去祭扫。一般情况下,一门祖坟需要准备两份供品与纸钱,一份祭拜坟地的土地公,一份祭祀祖先。到墓地后,先清理坟墓周围的杂草,把墓园内外整理干净;然后,在土地公的神位前和墓桌祭台上摆上带来的供品,点烛、点香、奠酒、叩头行礼,让祖先享用祭品。供品有白水煮的鸡蛋、鸭蛋若干,猪肉,猪头皮,碗仔粿。若是新坟,还必须准备菜饭、红龟粿、鸡、发粿等。祭拜时,要将白水煮的鸡蛋和鸭蛋的壳剥下来放在坟堆上。拜完后,要在坟前烧金银纸,不能放鞭炮。

农历三月十五是保生大帝的生日,由于保生大帝是道教神明,村民可以用荤菜来水陆北宫祭拜。

钟山村的水美宫供奉的神明之一是注生娘娘。注生娘娘是专管人间生儿育女之事的女神,其信仰遍及我国各地,民间俗称为"注生妈"。注生妈主司授子、安产、护儿等神职,遂成为久婚不孕、安胎待产之妇女所虔诚奉祀的对象。注生娘娘的生平不详,大抵可分为两种说法。一种说法是,注生娘娘出自《封神传》,为三仙岛之云霄、琼霄、碧霄三姐妹,系龟灵圣母之门徒,曾以产盆练成"混

水美宫内供奉注生娘娘

元金斗"法宝,后因胞兄赵公明(玄坛元帅)命丧姜子牙之手。三姑为报兄仇,联手投靠闻太师门下,日后并摆下黄河阵,使周营部将伤亡无数,幸得元始天尊破解阵仗,三仙姑与阵俱亡。姜子牙归国封神时,命三仙姑掌混元金斗,凡天下苍生落地从金斗转劫。民便据此典故,奉三仙姑为"注生娘娘"立祀。另一种说法是,注生娘娘即临水夫人陈靖姑,生于唐朝大历年间,为福建古田县临水乡人,系由观音菩萨血滴所转世投胎,及长,嫁刘杞,孕数月,逢大旱,受乡民之托祈雨,因脱胎而亡,年二十四岁,临终曾誓言救人产难,成神后屡显帮助妇女安产,遂被民间奉为注生娘娘。其下有十二婆祖,各抱一婴,六好六坏,以示生男育女贤与不肖,皆凭积善行德而论。农历三月二十是注生娘娘的生日。到了这日,村民要准备菜饭等供品到水美宫祭拜。据说,婆姐姓鱼和笋,因此供品里面忌鱼、

端午节插菖蒲

笋、菜豆、空心菜。

在蔡尖尾山上有间供奉雷姑祖的小庙宇。据说，雷姑祖也是佛祖之一，每到其生日四月二十七日这天，村民会带着供品到庙里祭拜。

端午节俗称五月节、五日节。钟山村的端午节习俗：一是拜尪公，供品可用鸡蛋、鸡、面，还有一些菖蒲、艾叶、榕枝等；二是用雄黄酒驱虫。据说，蛇怕雄黄，用雄黄酒喷洒在房子前后、墙上、床下等处，可以达到驱虫的效果。三是汲午时水洗澡，午时水即端午节正午打上的井水。据说，用午时水洗澡皮肤好，不会长痱子等，生饮甚至具有治病的奇效。许多父母甚至会留一些午时水供外出读书的小孩回来洗澡。粽子作为端午节的应景食品，现在已少有人自己做了，大多数村民都是在节日那天去市场上买些回来食用。

六月初六是祖师公生日，村民要准备供品到村里的祖师公庵祭拜。

六月初七也要拜天公，这次不用猪头、五牲等荤物，而是用红龟、发粿、水果等素食祭拜。

到了农历六月十五，一年差不多也过了一半，所以钟山村有做"半年"、吃"半年圆"的习俗。半年圆是用糯米粉做成的，以糯米磨成浆，沥水分，搓成红白两种颜色，并搓成圆形。大圆一般做6个，边上再做一些小一点的，一起放到簸箕里，要吃的时候再用红糖或白糖煮。这一天,家家户户还要准备半年圆等供品祭拜祖先和尪公。拜完祖先不用烧金银纸,拜完尪公要烧金银纸。

钟山村水美宫、福仁宫供奉"代天巡狩"三位王爷,六月十八是其中一位王爷的生日。据说,王爷公喜欢吃荤、喝酒,因此供品当中少不了酒、猪肉、鸡、鸭、鱼、菜饭、水果等。祭拜后,还要放大串鞭炮和焰火。当天晚上村民个人答谢的歌仔戏在福仁宫的戏台上演,以酬谢王爷的保佑。

六月十九是石峰岩寺供奉的佛祖之一的生日,村民除了在自家佛龛前祭拜之外,还要去石峰岩寺里去参拜。据说,石峰岩寺旁的隐圣洞里有一尊佛祖特别灵验。很早以前,上山劳动的村民中午在洞里休息时,往往会不知不觉地睡着并梦到洞里的神仙。

农历七月是鬼节。据说,阎罗王每年在这个月中会将地狱中的无主鬼魂放出来,到阳间享用民间的祭品,并带回在地狱生活的经费与用品。因此,在这个月,人们不婚嫁、不祝寿、不乔迁、不办各种喜庆之事,唯恐将孤魂野鬼引进门。

七月初一称"开鬼门",即地狱之门开放。中午十二点后,家家户户要在大门口摆上菜饭等供品祭祀无主的孤魂野鬼,并焚香祝告,请他们来享用,祈求他们勿骚扰家人,保佑合家平安等。然后,再烧纸钱供其在阴间使用。

七月初七是"七娘妈"生日,她是保佑孩子的神灵。据说七娘妈爱美,钟山村少数人会在这天准备香花祭拜她,烧完纸钱再把香花扔到屋顶上,给七娘妈梳妆打扮用。

七月十五在钟山村也是祭拜尪公和祖先的日子,供品可用菜饭、碱粽、牲礼等,拜完必须烧金银纸。碱粽也是端午节的应节食品。过去,人们会上山砍一种植物来烧灰取碱,采摘竹叶子来包碱粽子。他们把这种植物的灰放在苎麻布上淋水,获取碱水,再用这种植物碱来浸泡糯米，然后用竹叶包成三角状，5个、10个扎成一串，再下锅煮熟，这就成了碱粽。现在，人们多买食用碱来制作，有些人甚至到市场上买现成的碱粽，不用自己动手制作了。

佛教徒认为七月念经超度亡灵是崇祖、尽孝的行为，因此家里有人去世的村民会在七月十五到石峰岩寺，花钱请寺里的法师为逝去的亲人作法事，超度亲人的亡灵，这也成为一种新的普度习俗。

七月十七是钟山村的普度日。这一日，村民要在大门口摆上供品祭拜"普度公"，并燃放鞭炮。普度公具体指何人，并没有定论，他是一种没有具体传说、没有具体形象和神像的存在。对于"普度公长什么样、他平时在哪"之类的询问，人们的回答是"具体样子不知道,他到处有""也许是一个也许有很多个""是孤魂野鬼的头头，是管理孤魂野鬼的""是孤魂野鬼，有很多是被杀了头的人，在地狱里很饿"等。

七月二十九是石峰岩寺供奉的地藏王菩萨的生日，村民也要备办供品到寺里进行祭拜。地藏王菩萨或称地藏菩萨，因其"安忍不动如大地，静虑深密如秘藏"，故名地藏。他以"地狱未空，誓不成佛"为誓愿，与观音、文殊、普贤一起，为佛教四大菩萨，深受世人敬仰。

农历七月最后一天是鬼节的最后一天，也是地狱之门关闭的日子，俗称"关门"。村民们照样要跟七月初一"开鬼门"时那样，在大门口摆上供品祭祀无主的孤魂野鬼。只是祭祀的时间要放在下午较晚的时候。据说，比较晚关门才不会漏掉个别的鬼魂。

八月初六也是祖师公生日，村民要准备供品到村里的祖师公庵祭拜。

八月十五是中秋节，也是钟山村"春秋二祭"的"秋祭"的日子。村民们先祭拜土地公，然后再祭拜家里的祖先，时间必须在中午12点之前。

钟山村每三年举行一次送王船的习俗。如果碰到送王船的年头，农历八月十六要在福仁宫前"竖旗杆"（旗杆高约 8 米，漆成大红色，上插一根"代天巡狩"旗子），暗意为迎接王爷到该地巡狩，也表示送王船活动开始。那天，各家各户也要准备供品祭拜"代天巡狩"王爷。农历八月十八安栈（也叫安龙骨），造船师傅们开始在水美宫里造船，按照原有的模型小船各造大小两只木王船。八月十八日也是王爷公的生日，村民少不了备办相应的供品到庙里祭拜。

钟山村里的圣公宫供奉着"飞天圣君"，据说是由海沧街道囷瑶村石岑社玉真法院分灵而来。因此在其农历八月二十九生日那天，钟山村的村民要抬着飞天圣君神像到玉真法院"割香"，回来之后要在戏台演数日歌仔戏庆祝。

飞天大圣是保生大帝的高徒张圣者。《同安县志》记载："飞天大圣实有其人，原名张圣者，相传是安溪大坪村人，原为同安县县主簿，后弃官从医。"《同安县志》中也有关于张圣者弃官从吴夲于白礁村结草茅日读道学的记载。张圣者弃官从吴夲行医，学会三五飞步之术，授得斩妖伏魔之法。宋明道二年（1033 年），漳泉一带发生疟疾，尸魔王乘机煽祸，瘟疫四起，百姓饥馑，饿殍载道。吴夲与张圣者舟米济民，施法除魔，百姓活者不可计数。后来，张圣者在青礁附近的石囷社和雍厝社圣地（玉真法院）化身。百姓为感其功德，则由解元李森舍地，进士林淑庵创建"玉真法院"。

钟山村里有一座小庙供奉着哪吒。相传哪吒为托塔天王李靖的第三子，也是如来佛祖的弟子之一，在天宫任三坛海会大神。农历九月初九是其生日，当天各家各户要准备供品（荤素皆可）到庙里祭拜。

重阳节进补

九月初九是重阳节,也称九月节。钟山村在昔时有重阳日进补的习俗,称补重阳,即以家禽炖当归、党参、川芎、熟地等中药食用,起到进补的效果。人们认为在重阳日无论吃什么东西都能起到进补的效果,而吃与身体部分相似的食品,就有补那部分身体的功用。例如,柚子像人头,柚子瓣像人脑,所以重阳吃柚子有补脑的作用;甘蔗像人的四肢,因此重阳吃甘蔗具有补四肢的效能;柿子是红色的,类似血色,所以重阳节吃红柿子有补血的效用;黑豆荚子一节一节的,类似人的手指关节,故重阳吃黑豆可以补手指。

九月十九是佛祖生日,村民们要准备水果等素食到蔡尖尾山上的石峰岩寺祭拜佛祖。

十月十八是"代天巡狩"王爷生日,由于王爷共有三位,生日分别是六月十八、八月十八和十月十八,所以每到这几日,村民都要准备供品到王爷庙里去祭拜。

农历十月二十六是钟山蔡姓祭祖的日子。蔡姓人家要准备菜饭到穀诒堂祭拜,同时穀诒堂理事会也要准备大量的供品在祠堂中代表整个宗族祭祀祖先。因为钟山村蔡氏分支到灌口的东蔡和西蔡,所以每年祭祖的时候,东蔡和西蔡那边也会派人来参加。

冬至日是十一月中一个重要的节日,俗称冬节、冬日。钟山在冬至有搓糯米汤圆的习俗,以寓意团团圆圆。做汤圆的步骤如下:将糯米泡水磨成米浆,装入布袋沥水,等米浆变成湿粉时拿出来,搓成圆子。一般要做12粒个头比较大的圆子,称圆母,放在簸箕中

冬至汤圆

央,边上再做一些小圆子,要吃时加糖煮食。钟山村开发前,有人在耕种田地时会种糯米,用自己种的糯米制作的汤圆口感更好。现在,村民大都买现成的汤圆,煮熟之后和菜饭、牲礼等一起拿去拜尪公、拜祖公,还要到祠堂去祭拜祖先。

如前所述,农历每月初二和十六有"做牙"的习俗,而十二月十六是一年中最后一次做牙,因此称做"尾牙"。这天,村民要准备大量供品在家门口祭拜土地公。商店或工厂的老板也于这日摆宴酬谢店中伙计一年辛苦。以前,如果有老板在来年不准备续聘的员工,便在筵席中以鸡头对准他,暗示解聘之意,不过,这种风俗已消失。这一日过后,也宣告时间就快走向下一年了。

十二月二十三或二十四是送神日,家家户户要准备菜饭、饼、水果等供品到庙里面举行送神仪式。钟山村流行"早送神占好位"的俗语,因此一般在二十三日上午送神。先用供品祭拜各路神明,再烧金银纸与送神纸送各路神明回天庭述职。送神纸是特制的,一页为送神,一页为接神,两页合为一张,上有车、马、轿等图案。

送神后,大多数村民开始"清囤"(大扫除),打扫家中的内外卫生。如家中有孕妇或婴儿,则选择在十二月初一或者大寒那日大扫除,据说这样才不会冲撞到胎神而对胎儿不利。

接下来至除夕的几日,村民就开始置办年货、蒸甜粿、做发粿等,并为每个家人都置办一身新衣。腊月二十九俗称小年兜或年兜仔,过年所需要的物品在这天必须准备妥当,除夕、围炉、待客所需的鸡鸭、炸料与卤料也必须在这天完成。另外,还要准备甜粿、发粿、牲礼、红龟、红圆、清茶和茶配等供品祭拜尪公和祖公。这天,主妇们都特别忙碌。

除夕被称为年兜或二九暝,这日晚上,家家户户要围炉,即围坐在放有火锅的圆桌上一起聚餐。围炉时，桌上的每样菜都是很有意思的：有鱼，寓意年年有余；有韭菜，寓意长长久久。桌上的菜也不能吃光，得剩一些，以示年年有余。吃完年夜饭后，长辈给晚辈发压岁钱。接下来，大家边看电视边守岁。这天晚上要通宵亮灯。

第二节　婚嫁礼仪

在中华人民共和国成立前，钟山村的婚姻类型有包办婚、童养婚、招赘婚、表亲婚。其中，较流行的是媒人介绍、父母做主的包办婚。由媒人介绍的婚事成功之后，男方家要给媒人送一份媒人礼，通常有猪脚、面线、红包等，俗称"吃猪脚"。中华人民共和国成立后，开始有自愿婚，也就是男女自由恋爱结婚，父母不加干涉。旧时的婚嫁习俗较为复杂，一般程序如下。

相亲、探家风

由媒人给男女双方牵线搭桥后，男女方家庭互相拜访，了解对方家庭的情况。男家会请人去女家探一探，女方也如此，事先也会请自家的亲戚到男家探一探家风，了解对方家庭成员的为人、经济状况等。探家风时，一般不直接询问，而是靠观察家中的居住条件、伙食、生活习惯等来推断。双方认可后，则由媒人到女方家向女方的父母亲提亲，问礼数、当地风俗及定下吃茶（俗称"吃定"）的日子，就可以开始张罗喜事了。

吃　定

吃定的日子是问神或请人择看吉日而定。吃定那天，媒人带上准新郎和伴郎，还有诸如烟、糖果、饼类的伴手礼和红包上女方家商讨喜事事宜。女方办桌所需要的钱都来自男方，女方必须在大厅正堂摆一桌放着茶点的"子婿桌"。女方捧一盘甜茶（共4杯，甜茶即龙眼干泡开水），放在子婿桌上，男方则要拿出红包放在茶盘上，俗称"压茶欧"（茶欧、茶杯之意），这就完成吃茶的过程了，然后便是请客、敬酒、敬烟。吃茶的第12天，女方要到男方家，叫会面。

纳　彩

纳彩也称下聘。男方准备的聘金最多有白银1000块，一般是五六十块。下聘的日子可请人择定，也可双方商定。下聘那天，男方将金器、白银、布匹、糖果饼类4式12项准备好，由媒人送到女方家（后来简化为糖果、饼类和烟酒及红包，红包大小各1包，女方则返还男方小红包和一些糖和饼）。女方将糖果饼类摆在红公桌顶拜红公（受拜的神的统称）、祖先。拜红公3根香，拜祖先2根或4根，拜一拜，香燃完即可。然后，告诉红公、祖先，今天是某某与某某下聘的日子，并念一些祈求保佑，女儿嫁到男方家后有人缘、有人疼、平安顺利、和睦幸福等吉利话。男方回来时，也要把返还的糖饼拿出来拜自家的红公、祖先，祈求保佑内容大致一样。男女双方都要酬谢媒人，酬谢的红包则是女方给多少，男方要加倍给。这就是下聘的过程。

讨亲回婚书（资）

男方要讨亲（即结婚）必须到女方家向其父母要女方的生辰八字，然后会同男方家庭成员的生辰及生肖找人（问卜的）择好结婚的日子。结婚的日子择好后，男方要煮圆分送给自己的亲戚，通知至亲和邻居。结婚的前一天，男方由媒人担婚书（回婚书）到女方家中。婚书担里要放12项东西，即红包（一大一小）、猪肉（猪肉带脚的称洗屎尿肉、公猪还要增加膀胱，整片的猪肉）、糖、饼、红婆鱼（一般是在鱼身上抹红或贴红纸的4条鲢鱼）、生闷圆、炮、烛、酒、香蕉、红柑。在男方挑担出门时，要燃放鞭炮。男方送来的礼物女方要留下一半，礼回一半（肉要砍下4个猪脚，然后抹红或抹黑，不然据说新娘以后会白脚蹄）让男方挑回来。女方也是要拜红公、祖先，男方挑回来时也要拿一些拜红公、祖先。祈求内容与吃定拜时说的大致一样。挑担回来后的当天下午，根据择定的日期安排吉时安床，同时要付给媒人红包（女方给媒人红包有多少钱，男方就得加倍，并要宴请媒人，包括结婚和做客（新娘首次回娘家）都要宴请媒人，因此民间有"媒人婆，吃甲（得）瓦壁嗦（扶着墙壁走）"之戏谑。

裁　　衣

根据结婚时辰来安排裁衣（男女双方都要裁衣），这些事情都由媒人来操办。象头衫服、袜子、面布（毛巾）、包括象头需要用的都要打"卍"字和缝铅钱（一种小铝片）。此外，还要将筛篱放在大厅的红公前，这些物品都要准备双份。

裁衣完毕后，便是安床。安床时，床铺的4支脚要垫红包（一般每包2元钱），寓意为日后是有钱人，同时要拿12根草放在床上，说明新郎和新娘像野草一样有生命力并且强盛。俗语说："草贱好吃好养没禁忌，平安甲顺利"，安床以后，选一个4~6岁属龙的男孩，属蛇的也可以，（但与新郎属相相冲则不行）来翻床铺。翻床铺就是让小孩上床上躺着并翻来翻去，大人则在旁边说："翻床铺，生渣浦（男孩）。翻过来，中秀才。翻过去，中进士。"做完后，给小男孩一个红包即可，通常翻床铺的小孩当晚要与新郎官一起睡。

上 头

"上头"就是真正的成人礼。上头一般定在结婚当日的凌晨二至四时（男女方各自在家里同时举行）。准备的物品：汤圆12碗，每碗4粒，菜饭12碗，红婆鱼2条，鸡1只，烘炉、茶煨、簸箕、笳篱（簸箕的一种）、米筛（簸箕的一种，较小）、四方围杆竹椅各1个。以上物品均用红纸剪成圆圈贴于各自中间，还有蜡烛、酒瓶灯火各1对、面巾、脚巾各2条、芋种2粒、黑豆、龙眼双数数粒、1个红面盆、2个红篮等。新人先用桂花叶、鸡蛋煮过的水洗澡，然后坐在竹椅上把梳妆盒第一次打开，再梳头，此为象头。结束后，要吃汤圆和菜饭。值得一提的是，家里请来制作汤圆的人必须是夫妻双全的好命人，这样才吉利。

娶 亲

旧时，海沧旧镇有一家专门出租红白喜事用品和人员的店铺，可供出租婚礼轿子、轿夫、大鼓吹、歌仔调等。租一套用具大概要白银100块。他们的女婿轿是蓝色的，从外面可以看见里面的人；

娶亲队伍

新娘轿则是红色的，比较高，轿上雕花非常漂亮，从外面看不到里面的人。

结婚前一晚，雇来的乐队先要到男方家奏乐，制造热闹的气氛。第二天娶亲时，男方迎亲队伍有大鼓吹、两顶花轿。新郎轿排前面，新娘轿排后面，有男伴、媒人等。其中，男伴、媒人要拿红篮子，红篮子内装缘钱（一种圆形的小锡片）。一出门男方要放鞭炮；快要到女方家时，也要放鞭炮。媒婆在前，边走边撒缘钱，边念道："人未到，缘先到。"走到女方门口，轿要放在筊篱的上面，新郎要去敲门，俗称"敲门乾"。这时，新郎须高声称呼岳父为"爸"，直到门开为止（这时必须由女方的父亲开门）。这时，新郎要恭敬地递上红包。女方要请男方迎亲的人吃用桂圆肉加鸡蛋煮成的甜汤。此汤一般不能吃完，以示有余。过后，女方还要煮冬粉和肉丸请他们吃，称"冬粉穿鼻",这次也一般不吃完。女方要有伴娘。接下来,女方的父亲抱着新娘上花轿,新郎和新娘一上轿就马上出发。一出门,女方的父母要赶快关门,有的还泼一盆水后才关门,可能与"嫁出去的女儿泼出去的水"之谚有关。女方要打扮得漂亮些(一般要穿红色衣服表示吉祥),新郎、新娘的手里还要拿手绢、扇子(主要是在路上如碰到不吉之事要用手绢或扇遮挡一下)。在女方嫁妆中,必不可少的物品有桂圆肉、糖、四果汤、灯、二条花布、果盘、盖碗茶杯(共12只)、冬瓜、钱、缘钱等。

新娘到男方家门口时要放鞭炮,媒人念道"大门开透透,新娘自己到"。男方家就要熄灭火,即不能再燃柴火,要赶快灭掉(预示新人一到不会火烧心),家人要赶快躲起来(预示不要与新人相冲)。到男方大门口时,由媒人、新郎搀着新娘踩着地毯过火炉(表示干干净净进家门)。过门槛时,不能让新娘踩在门槛上,否则就预示新娘以后要管男方人了。随后,一直把新娘牵到洞房中,让她坐在四方凳上。等她坐稳后才把门关起来,媒人接着说:"合居做大人。"然后再派一个合适的人(这个人最好是属相相容,上辈父母健康,子女兴旺,夫妻恩爱的人)将新郎、新娘从洞房请出来。新郎、新娘需要给此人红包表谢意。新娘出来后要拜红公、拜祖先。拜完后,新娘要端着桂圆肉茶,拜跪着依次按礼喊着亲人的敬称,逐一请男方的亲人(依辈分的大小)喝。亲人们喝完后,要给新娘红包。接下来,就开宴请客。亲戚们来看新娘时,新娘要端四果茶给他们喝。(四果茶是用花生、枣、桂圆干、莲子加糖的汤,预示"早生贵子")。亲人喝完说:"吃甜甜,明年生后生(儿子之意),喝干了明年生男泡。"(生男孩之意)。之后,媒人带新娘下厨房灶台,喂鸡、鸭、猪等牲畜。(只是意思一下,不用真正干活)

结婚当天中午至晚上，宴请客人。酒席头尾两道菜得是甜的，如花生汤、甜糕等。新娘席上放12样菜，其中要有一只白斩鸡，放在碗中摆成一只鸡的样子。陪坐的一般为女性至亲，如婆婆、姑姑、妗子、姐妹等，人数有8人、10人、12人等，以8人居多。新娘不能吃完全席，而是到上第4碗菜的时候必须起身，然后由婆婆来坐新娘的位子。婚礼上娘舅最大要坐上席，舅舅送的礼也要摆在最显眼的地方。

清朝前，新娘子一般要三天才能出门。后来，程序简化变成一天就可以出门，俗话说："三日放在一日做。"

回娘家做客

回娘家做客一般在婚礼的第二天。女方的舅仔爷预先来到男方家，做客的当天与男方的叔仔爷一起到女方家。男方要带烟、糖、饼、红包。请完女婿后，娘家要送给女儿女婿一些芭蕉，上面要有一头煮熟的鸡（主要是给婆婆吃的，奶奶健在的要准备两只）、两根带头尾的甘蔗（从头甜到尾或节节甜）、两只小鸡（即带路鸡，要一公一母）。

第三节　祈子生养

祈　子

如果夫妻结婚多年而未生育，家中老人着急的话，就会去为他们祈子，祈子的形式如下。

注生娘娘

祈求神灵赐子。这多是去求女性的神灵，如观世音菩萨、临水夫人、妈祖、七娘妈等。钟山村水美宫供奉有注生娘娘，本村人多去该庙宇求子。求子时，婆媳一大早起来，洗澡净身，穿上干净衣服，准备好牲礼、红烛、水果等，一起去庙中敬拜、许愿。拜拜时，先向神明说明来意，然后用卜杯或求签的形式来判断神意。过段时间，如果怀了孕，就要到该庙答谢，并祈求胎儿平安，顺利分娩。生了孩子，还必须带鸡酒（产妇必吃的食品，以老姜、麻油、红糖、桂圆肉、子鸡和酒焖成）到庙中祭拜、还愿。在孩子的满月、周岁甚至16岁也要到庙里敬拜、答谢。

据说，妇女的元神是另外一个世界里的一株花树，其生长情况与妇女的身体及生育能力有关。儿童都是花，白花属男，红花属女，生男育女就取决于花丛所开之花。妇女久未怀孕，乃花丛枯萎的缘故；不生男孩，乃花丛出了问题。因此，妇女在神明面前祈子时，常祈求自己的花丛旺盛，或将花丛中的红花换成白花的祈子行为。以这样的方式求子，也必须还愿。

钻灯脚，即利用元宵节观灯等象征行为满足求子的需要。元宵节晚上蔡氏家庙——毂诒堂会举行钻灯脚的活动。村里在上一年生男孩的家庭必须到这里来点一盏灯笼，上一年娶进的新娘子则到这里来钻灯脚。人在灯笼下穿过，俗话说"钻灯脚，生男孩"，祈求新的一年能早得贵子。

怀　孕

闽南一带通常把妇女怀孕称为"病囝"。妇女一旦怀孕,就成了家里保护的对象。除了不用再干重活,在饮食上根据孕妇的口味给予特殊的照顾,以及多吃有营养的食物外,还必须严格遵守一些当地的习俗与禁忌,以保证胎儿正常发育和顺产。据说,怀孕时进补比坐月子进补好,称"补胎较好做月内"。

除了在饮食方面对孕妇有特殊对待外,为了确保怀孕平安、生产平安、胎儿健康成长,妇女怀孕后,其婆家会备办香烛供品等前往寺庙求神拜佛,祈求神明保佑与赐福。如果怀孕前曾向某尊神明求过子,怀孕后更得到该神明面前拜谢,并祈求该神明继续保佑。

除此之外,妇女在怀孕期间还有许多禁忌:房间里的墙上不能钉钉子,贴纸;孕妇房内家具不得搬动,忌拆床,更忌修葺房屋,以免触犯胎神;孕妇不得参与丧事与嫁娶等喜事;不得使用利器切割裁剪;不能在床上做针线活;不能干重活,不得伸手取高处的东西,不得登高跳跃等。

三朝报喜、做朝

小孩生下满三日,婆家要到娘家报喜,并带上用荸荠加鸡蛋煎成的报喜饼(马蹄饼)。家里还要煮油饭、鸡酒、鸡蛋等给小孩"做朝",即用这些牲礼祭拜注生娘娘和床母、婆姐

鸡酒

等照护、保佑婴儿的神灵，求她们保佑婴儿健康成长。

　　据说，小孩白天是受到注生娘娘的照顾，夜晚则是床母担任保护工作。孩童的胎记就是"床母做记号"以利辨识。实际上，人们相信祭拜小孩生活中的睡觉床铺可以使其快快平安长大。据说，小孩睡觉时常会有微笑，或奇怪的表情是床母在教导小孩，所以不要吵醒他，以免打扰其学习。祭祀床母供奉鸡酒、油饭、豆腐烧肉等。婴儿出生后第三天就要上供祭拜床母，以后每遇到孩子生病时也要祭拜床母祈求保护。此外，每年农历正月十五也要祭拜床母，保佑孩童今年平平安安。有些人在清明、端午、中元、重阳等节日也会祭拜床母。

满月、四个月、周岁

　　婴儿生下来30天就可以做满月了。在满月时，要给婴儿剃头，称"剃满月头"。在满月这天，父母可以带上婴儿第一次到外公家做客，在外公家的灶坑里掏出点黑灰抹在小孩的头上，保佑孩子平安长大。这天也要准备菜饭、糯米甜饭等拜床母。家里一般会办满月酒，请亲戚、邻居、朋友等前来赴宴，以庆祝婴儿顺利度过满月关；有些家庭也会简单弄些小菜小范围庆祝一下。

　　婴儿满四个月时，家中要给婴儿举行收涎的仪式，即将一些小饼用红线系于婴儿胸前，请村里比较老的长辈剥一块饼，在婴儿嘴上做揩抹状，以擦掉婴儿嘴上的口水，边念些吉祥话，如"收涎收干干，给汝老母后胎生男孩""收涎收离离，给汝明年各（再）招小弟"等。这个仪式象征婴儿今后不会再流口水，发育成长能更加顺利。

　　有些人家在婴儿四个月时才给他剃发。剃发前，用鸡蛋、鸭

摇篮和椅轿

蛋煮水,用煮熟剥壳的蛋在小孩身上滚一滚,祝愿婴儿的脸长得像鸡蛋一样白嫩而结实;用煮好的水给小孩洗澡,换一身新衣服;之后让小孩第一次坐到椅轿上面。椅轿要靠着烧火的灶台侧面,并念"坐轿靠灶,天光坐到晚",祝愿孩子快快成长,早日可以离手,无须父母过多照看。椅轿是一种古老的育婴工具,一般用竹子制作,一边供小孩站立,一边供小孩乘坐,上有活板,可供小孩置物玩耍。椅轿下安4个竹轮,可供大人推动。这天也要用糯米甜饭敬拜床母。

周岁俗称"度晬"。婴儿过周岁,外婆家里要送来度晬龟(大个的红龟粿),还要送一只公鸡为婴儿接脚,以促其学步。婴儿由母亲抱着坐在门槛上啃公鸡的鸡腿,此为"接脚"。这天,婴儿要穿上虎头鞋,民间认为这样可以为其壮胆、避邪,消灾趋吉,并能较快地学会走路。从周岁这天开始,婴儿才可以穿鞋子。

虎头鞋

有些人家也举行"抓周"仪式。抓周是小孩周岁时举行的一种预测前途和性情的仪式,是第一个生日纪念日的庆祝方式,属传统诞生礼之一。先在小孩面前摆上笔、书、印、算盘、尺子、银钱、秤子、田土、斧子、猪肉、葱、芹菜12样东西,看他先取哪一样。选到书籍,预示这孩子以后会好学、金榜题名;选到笔,预示孩子日后善于书画,也预示会金榜题名;选到印子,预示孩子以后能当官;选到尺子,预示小孩以后会当裁缝或工匠之类;选到算盘和秤子,预示这孩子以后会做生意;选到金钱,预示这孩子以后会成为富豪;

抓周

选到田土，预示他以后会当地主；选到葱，就预示这孩子资质聪颖；选到芹菜，预示孩子以后会勤勉做事；选到猪肉，表示孩子以后有食禄。

第四节　丧葬习俗

钟山村十几年之前流行土葬，丧葬仪式比较烦琐；现在响应政府号召实行火葬，程序简化了，只剩出葬前的祭拜仪式。闽南人忌讳说自己亲人的死亡是"死"，而是称为"老了"或"过身"。人过身后一般不超过三天出殡，个别情况如要等子孙从南洋回来再出殡的话，也有停灵超过三天的。家庭富裕并且死者高寿，子孙满堂的丧事可以办得相当隆重。

丧事发布

人过身后，第二天要派人把死讯迅速报告与死者有关的亲属。死者是已婚女性的，一定要告知女方家庭——"外家"。女方代表未到或到后未作许可，均不可殓葬。俗语说："死老爸扛去埋，死老母请外家来。"报告死讯的使者一般走得飞快，行色匆匆，故人戏称赶急走路的人为"报死"。报死者抵达目的地后，不能进人家家门，只能在外呼叫，待人家出门来才报告死讯，随即离开。死者已出嫁的女儿接讯后，要立即奔丧，在接近家门的街头巷口，要边走边放声大哭，叫"哭路头"。还要请风水先生来挑选墓穴（一般从龙海等地请）。海沧旧镇也有专门出租丧事用具的店铺，可租到灵轿、灵床等。

搬　铺

人过身后,不能继续放在床上,要将尸体移到住屋的公厅,放在由两条板凳和几块木板临时搭成的水铺上,这叫"搬铺"。据说,这是为了之后死者入殓祭奠的方便。因为在房间空间较小,不方便操作。

开墓穴

闽南人认为墓地风水的好坏与丧家今后的人丁、财富与前途关系密切,因此十分重视墓地的选择。要请风水先生(俗称"地理师")看好墓地,指挥专业挖墓人(俗称"土公")和村里帮忙的人严格按照看好的地点、方位和深度挖墓穴,不得有丝毫差错。中华人民共和国成立前,土地私有,墓地得向别人买或由村里人主动献出。

入殓前要买水给死者擦洗遗体。买水,即死者家人到河里或井里打水为死者沐浴,这个仪式由村里公认的"好命人"执行。好命人必须是夫妻双全的老妇人。好命人先把钱投入井中,再把水从井里提上来。事后,要给好命人一个红包。

穿　衣

给死者沐浴完后,就可以给其换上寿衣。寿衣一般是7套,多的12套,可以平时准备好或者临时购。由于要给死者换多层衣服,比较费时费力,所以在给死者穿衣之前,有"套衫"的仪式。套衫即在活人身上先把多层衣裤套在一起备着,当死者断气以后再一次性地给死者套上。行套衫仪式时,先在厅前的院子里放一个竹编的大加箩,孝男(或孝女)手持竹竿(撑地,让其站稳),头戴新竹笠,上插一枝红春花;另一个人与孝男(或孝女)面对面站着,将寿衣按内外顺序一件件套在孝男身上。穿套完毕,以麻绳穿入两袖筒,在袖口处扎住,然后孝男抽出双臂,脱下套成的寿衣,置新米筛上,端进正厅,给死者穿上,竹笠则往屋顶上扔。孝男或孝女完成套衫仪式后,要吃一碗甜汤圆。

祭　拜

出山(出殡)之前,死者要接受祭拜。一般是在场地开阔的大埕举行,亲戚朋友都会准备祭品前来祭拜。祭品有猪头、红龟仔、发糕、肉、鸭蛋、面、菜饭、金银纸等。这些东西摆满两张桌子,放不下的就放在地上。家庭富裕的,还会请道士前来做法超度。丧家会安排两个老辈人(夫妻健在,知晓礼仪的)站桌头,即站在祭拜的桌子两边,一人负责送香送酒,一人负责收香收酒。与丧家有姻亲关系的亲戚,如媳妇娘家、女婿家等前来祭拜时,丧家要陪拜表示感谢。

出　殡

墓地一般选在山上,所以出殡又称出山。出殡的队伍由两面铜锣开道,接下来是铭旌❶,接着依次为骑马人、乐队、灵轿(放有灵

---

❶ 制作费由女婿或孙女婿出资,以报答丈人、丈母娘的恩情。铭旌一般控制在22个字以内,男称公、府,女称门,如"显考蔡府四代大父讳××享受八十五岁芳苑之铭旌"。

出殡

位，由小孩子抬着）、举幅的人（白布做，长约 6 尺，颜色有白蓝两色，用竹竿挑，由小孩子举着）、棺材（由棺罩盖住，共 16 人抬），送葬人排在棺材后面。出殡的路线由操办丧事的几位主要人员商量决定，一般沿着村里主要道路绕村一圈，但是不能走回头路。

下　葬

下葬的时间大多是下午，孝男上山，孝女不能上山。棺材下葬后，用海蛎壳灰掺土盖严实。之后要"点主"，即孝男身背木主于背上，向着太阳的方向跪下，由点主官用朱笔和墨笔点主。原有木主上的神主两字，主字先写成"王"字。这时，点主官先用朱笔在王字上点红点，红点上用墨笔再点一下，"王"字就变成了"主"字。传说，经此一点之后，死者的灵魂就定在木主上了。点主都是在神主牌或遗像上下先点红笔，再点墨笔。点主官在点主时口中还要念吉祥句："点天天青，点地地灵，点眼眼明，点耳耳聪，点主子孙兴旺。"点完朱笔后，即将朱笔朝太阳方向掷去，只留墨笔。丧家在点主后，向点主官拜谢，然后将木主放回装有五谷和格钉的米斗内，米斗放在墓碑前，然后跪拜祭坟，烧银纸。祭墓完毕后，将带来的五谷撒一些在坟上，剩下的带回，以兆子孙丰收富足。

回　家

回家后，孝男分米斗内的五谷和钉子，寓意人丁兴旺、子孙满堂。接下来，要请村里帮忙的人吃咸稀饭，亲戚则另外用酒席款待。家庭富裕的都用酒席待客。饭后，各人拿一对红烛和一块发糕回家，用于拜家里供的神，祈求平安。有送丧礼礼金的朋友则拿到丧家答谢的毛巾一条，"巾"与"根"谐音，寓意"断根"，即与死者断绝来往之意。

戴　孝

出殡那天，死者亲属依据与死者的亲疏关系不同而着不同的丧服。钟山村的丧服颜色为黑。死者儿子和儿媳披麻布，女婿手上加块红布，孙辈的加块青布，曾孙则穿一身红色的衣裤，曾曾孙辈穿一身黄色的衣裤。孝子手腕要戴白布缠成的线，孙辈戴绿色的，到对年后（一年后）才可解下。第一年中家里不能举办婚礼。

做尾日与做对年

出殡后第 12 天,亲人在家用鸡蛋、牲礼等祭拜,称"做尾日"。死后第一年的忌日祭祀称"做对年",可把灵位摆放在厅堂正位。之后,每逢死者的生日和亡故日也要祭祀,俗称"做忌"。届时,亡者的子孙聚集一堂,上供、焚香、点烛,用丰盛的饭菜祭祀亡者,并焚烧金纸和银纸。

第五节　起厝民俗

择　址

闽南兴建住宅有一定的风俗礼仪,建房之初,必先择址,多以顺山势龙脉为主屋正厅之朝向。基址选定之后,请风水先生来"牵庚",即用罗盘来确定房屋之方位。家居民房一般不得取正南正北或正东正西之朝向。

动　土

兴工之前,必先以建房者之八字合以房屋方位之干支,请择日师择定动工吉期,以及随后的安门、下大石和升梁等等吉期。动土时,要先向土地公焚香禀告,献果盒烧金纸,再用锄头由东而西沿地基四周挖动一遍。

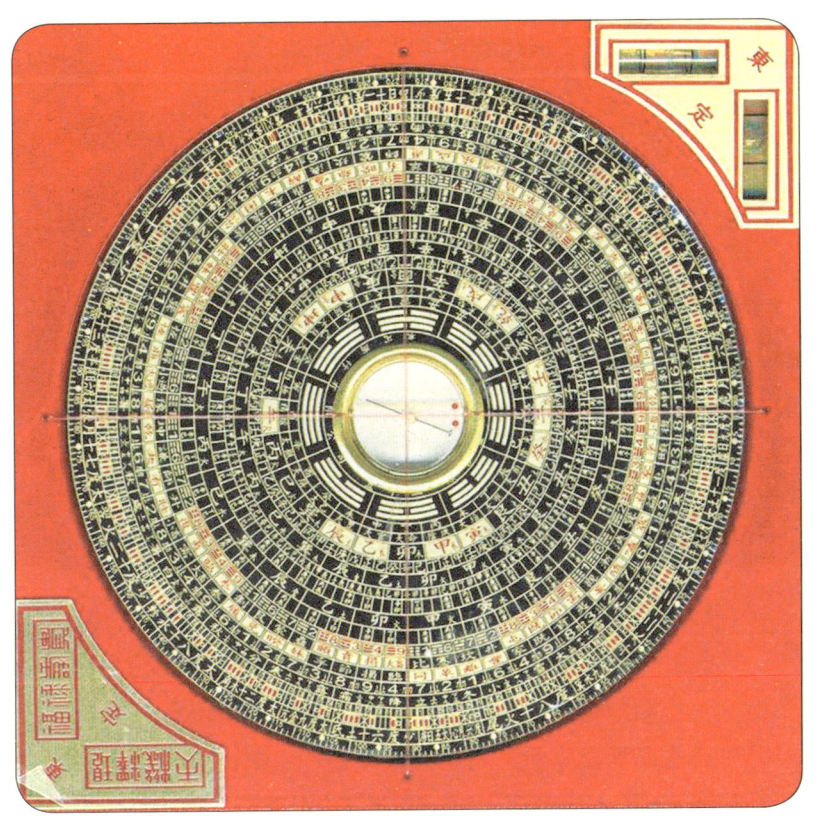

罗盘

上 梁

一座大厦的质量和气派往往可以由中脊员（大梁）来鉴定。中脊梁要选择上等杉木的头段，运回之后，要特别架起，并在大杉上扎上一条红织带以示彩气。吊梁之前，厅堂中并排 3 张八仙桌，俗称三界桌，各桌摆上 24 味菜碗；同时，摆上泥水匠的瓦刀和木工的

上梁

墨斗，再于大厅两侧各排一桌，俗称东西班，分别供奉观音妈、夫人妈和其他神祇，分别安放金斧，银锤和宝剑。请神礼毕立即吊梁（上梁）时，木工师傅用红布条扎好脊员两头，然后沿两边木梯徐徐吊上，小心架在脊柱之上，头东尾西，吊员礼俗完毕。当晚，大宴木、土、石工师傅及众小工。

谢土乔迁

房子全部竣工后，择日举行谢土仪式，由泥水匠取铜钱及粮米若干，撒于里面四方。首先，主人备办三牲果盒酒孝敬土地公，并在大厅左壁上方贴镜图，以黄色纸作底，再于纸的东南西北中贴上青白红绿黑色纸条，以代表金木水火土五行俱全；然后，再贴剪刀、尺和镜台的剪纸图案,意为敬谢五方神圣;最后,由主人焚香鸣鞭炮烧金纸,以谢五方土地神圣在建房期间的庇佑帮助,并祈请日后继续庇佑。

旧俗"无谢土不能敲锣打鼓",有的乔迁与谢土一并举行,主人备办三牲筵碗敬奉土地公、地基主和当境神,告以弟子迁入新居,祈求保佑平安顺利。更隆重的,一并举行谢天仪式,在厅口摆天公坛,设天公神位、挂天公灯,备办三牲果盒筵席敬奉。

乔迁往往在凌晨举行,先搬一窝鸡母鸡仔以及摇篮轿车椅,以象征迁入新居后人丁兴旺、百业发达。随后,才将其他家具陆续搬去,再举行酬神诸仪式,也有演嘉礼戏以酬神。

后　记

　　山川之毓秀，古来共谈；时代之沧桑，贤愚皆惊。如今的我们，也正处在一个大变革的时代。这一时代，既是中国不断走向城市化，走向和平崛起的一个时代；同时也是我们的思想观念或者文化意识不断进行着更新，且探索新的存在价值的一个时代。历史的发展是不断向前的，但是我们却不得不去回顾历史的曲折，不得不依托于我们的根源意识，尝试着由此而发掘出激励我们更为合理地向前、更为顺畅地向前的历史文化资源。

　　乡村曾经是中国的原生态的典范，乡土意识曾经是中国人的根源意识，乡土中国的变迁也正是20世纪后期以来中国所面临的最大的历史事件。我们之所以要编辑撰写《风土海沧·水美钟山卷》，其根本契机之一也就是基于了这样一个历史大事件的宏大背景。

　　钟山村的调查活动，始于2010年8月。甫一进入钟山村，进入我们视野的，是一片片正处在拆迁之中的农居；充实我们听觉的，是不绝于耳的挖土机的隆隆声响；刺激我们的嗅觉的，是不断升腾的灰土气息；经过我们身边的，则是拥挤忙碌的嘈杂人群。这一切看起来未必和谐的要素,恰恰构成了一幅极具中国现代气息的生活画卷。由此,我们感受到了一个原生态的村庄的即将消逝,一个混凝土森林之中的自然的消逝。不过,经历了整村拆迁之后的钟山村,将与海沧新城区的整体空间形态保持和谐一致,从而建设为精致优美的现代新城区。

一个村庄的搬迁,一个村庄的消逝,消失的不仅仅是古老的村落,还会带走它所蕴涵的深厚文化与沉重记忆。即使钟山村的大多数村民属于就地安置,依旧会回到这片土地之上,但是过去的乡村之中的每一栋建筑、每一道标志、每一条道路乃至一棵棵树木花草,皆潜藏了村民们的历史回顾、孩童记忆、生活印记、时代沧桑。在步入钟山村之后,尤其是经历了与村民的交流、与老人的详谈之后,作为文化工作者的我们最为深刻地体会到了这一点,同时也深切地意识到自身的责任与义务——积极挖掘村落文化资源,认真整理村落文献资料,避免使它湮没在时间的长河之中。

钟山村的研究价值究竟何在?我们认为,一个是以蔡氏一族为核心的,涉及闽南族系、风土建筑、文明观念等一系列要素的文化价值;一个是以送王船的祭祀活动为代表的,涉及宗教信仰、生活意识、海洋情结等一系列要素的宗教价值。我们编辑撰写《风土海沧·水美钟山卷》的契机之二,也就在于钟山村的历史之中蕴藏着极为丰富的文化资源,同时也具有闽南文化的典范意义。

任何一个事物的发展,皆不可能是一蹴而就的。任何一项重要的任务,也必然充满了曲折与艰辛。我们只不过是一群执著于搜集、整理有限的资料,展开口述史的整理与保存工作的人,即便是近在咫尺的钟山村的调查活动,我们也不得不经历各种各样的考验。首先,我们要面对的就是确立调查大纲的问题。我们经历数次讨论,编撰了调查纲要,但是却遭遇到了资料收集的问题,尤其是资料缺失的困境。为了资料的整理和审核,我们多次相约在厦门大学、海沧文化中心集体讨论、坦诚交流,而后终于得以克服。其次,就是调查时限的问题。一方面钟山村的整体拆迁迫在眉睫,传统遗址日渐消失,旧有风貌不再存在;另一方面熟悉村史的老人相继离世,健在的老人记忆略为模糊,年轻人则缺乏了切身的了解和感受。如何挽留这样一个不断消逝的现实与记忆,需要我们不断地改进方法或者手段,一一地将各个问题落实到位。尽管如此,我们还是克服了这样的问题,且抱着一种紧张感与迫切感,最终完成了本辑的编撰工作。

  在此,我们要衷心感谢为本次调查提供支持与帮助的人士。钟山村书记蔡明群大力支持文化馆本次调查活动,给我们提供不少的急需素材和人员帮助;宣委蔡金亮按照我们的调查提纲认真联络采访人,并约好采访时间、地点,给我们解决了不少的困难;年过八旬的王四卿老人或到居委会办公室,或在自己家中为我们多次讲述婚丧习俗和钟山村史;穀诒堂理事会会长蔡明德熟谙蔡氏宗祠的源流,多次接受我们采访;蔡明霞女士十分了解岁时节日,一边照顾未满周岁的孙子一边接受我们的采访;蔡通行先生一直研究送王船的祭祀活动,为此专门将多年收集的图片和素材送到文化馆;蔡永明、陈福圆、蔡武溅、蔡春成、郑和平等人士亦在采访之中口述了大量的民俗资料;厦门市图书馆江林宣老师和海沧实验中学廖艺聪老师也给我们提供了姓氏、宗祠和族谱方面的文字材料。正是因为他们的大力支持与热心帮助,才使我们得以顺利地完成本辑的编撰,在此致以衷心的感谢。

  中国人类学家费孝通教授曾经指出:人类学是为"文化自觉"而设立的学问。我们不知道本辑的编撰对于保留乡村民俗资料能否可以发挥出一点微薄之力,但是我们认为或许这也就是一场"文化的自觉""文化之根的觉悟",同时也是我们自身的存在的觉悟。尤其是对于我们全体编者而言,成书过程之中的酸甜苦辣始终难以忘怀,也必将成为我们人生之中不可磨灭的记忆。

本辑编撰时间仓促,水平有限,出现的遗漏和疏忽之处,敬请予以谅解,并恳请有识之士批评指正。

编 者

2011年5月3日